Türkenstraße 9
D-80333 München

ISBN: 978-3-89883-506-0
1. Auflage 2016

Projektleitung	Eva-Maria Hege
Lektorat	Regina Rautenberg
Grafische Gestaltung	Irene Schulz
Rezepte	Michael Koch, Inga Pfannebecker
Texte (Basiswissen)	Journalistenbüro Hamburg
Fotografie	Gulliver Theis
Foodstyling	Eliane Neubert
Styling	Ina Erdmann
Herstellung	Peter Karg-Cordes
Producing	Jan Russok
Druck & Bindung	optimal media GmbH, Röbel

24STUNDEN**DIÄT** von Achim Sam ist eine Marke der Eatletic GmbH.
Weitere Infos unter www.24-stunden-diaet.de

Die ZS Verlag GmbH ist ein Unternehmen der Edel AG, Hamburg.
www.zs-verlag.com | www.facebook.com/zs-verlag

DAS 24STUNDENDIÄT KOCHBUCH

von ACHIM **SAM**

Mit **Prof. Dr. Michael Hamm**
Rezepte von **Michael Koch** und **Inga Pfannebecker**
Fotos von **Gulliver Theis**

Inhalt

Basiswissen

Rezepte

Ran ans Gewicht und schnell runter damit

Die 24STUNDEN**DIÄT** ist aus meiner persönlichen Lebensgeschichte entstanden. Ich weiß, was Hungern heißt. Ich habe schon Diätversuche gemacht, als gleichaltrige Jungs noch um jedes Kilo nach oben kämpften. Die Betonung auf Versuche ist wichtig. Denn bei mir führte Schmachten nicht zum Erfolg. Als Kind war ich ein echter Moppel. Metzgersohn mit Problemzonen. Keine Lust zum Sport, aber gerne in Omas Küche. Zu Hause gab es nie ein Schnitzel, sondern immer mindestens zwei. Für jeden. Davon blieb viel hängen an einem Kind. Weil ich schlanker werden sollte, schickten meine Eltern mich zum Fußball. Der Junge trieb Sport. Mama und Papa waren zufrieden. Ich verschwieg, dass ich mehr Maskottchen denn Mitspieler war und meist auf der Ersatzbank hockte. Da gab's auch schon mal Pommes rot-weiß, die mir besser schmeckten als der Stress am Ball.

Kein Wunder, dass die Erfolge ausblieben und ich mich neu orientierte. Aus Spaß am Mountainbiken wurde bald Ernst. Ich stieg um aufs Rennrad, strampelte mit großer Leidenschaft durchs Land, war in kurzer Zeit mein Übergewicht los, gewann Meisterschaften und fuhr sogar Einsätze für die deutsche Nationalmannschaft. Doch kaum war meine Leistungssportler-Zeit vorbei, kehrten die überflüssigen Kilos zurück. Denn ich aß einfach gerne – und tue das auch heute noch.

Als Radrennfahrer schaffte ich es, wenn es nötig wurde, in relativ kurzer Zeit Gewicht zu reduzieren, indem ich intensiv trainierte und einen großen Bogen um Zucker und Co. machte. Das war immer eine Lösung, aber leider nie von Dauer. Warum? Das Thema interessierte mich. Ich schrieb während meines Ökotrophologie-Studiums eine Semesterarbeit über Crash-Diäten und Fasten, um herauszufinden, wie man aus den fixen Erfolgen ein langfristiges Programm machen kann, das zuverlässig funktioniert, aber die Muskeln schont.

So entstand die 24STUNDEN**DIÄT**, die ich zusammen mit dem renommierten Ernährungswissenschaftler Prof. Dr. Michael Hamm entwickelt habe. Das Prinzip ist einfach: 24 Stunden lang wird ein intensives Workout mit kohlenhydratarmen und eiweißreichen Mahlzeiten so kombiniert, dass die Insulinausschüttungen reduziert und die Fettverbrennung auf ein Maximum gesteigert werden. Durch eine zusätzliche Kalorienreduktion entsteht ein Energiedefizit, das der Körper dann fast ausschließlich

aus seinen Fettdepots deckt. Der Clou: Trotz massivem Gewichtsverlust, in der Regel ein bis zwei Kilo, bleiben die Muskeln erhalten, und der Jo-Jo-Effekt bleibt aus. Man braucht dafür nicht unbedingt einen festen Diätplan, sondern kann mit ein paar Rezeptanregungen selbst kombinieren. Die 24STUNDEN**DIÄT**-Rezepte enthalten weniger als 20 Prozent Kohlenhydrate, sorgen aber mit einem hohen Eiweißanteil dafür, dass man nicht heißhungrig wird.

Nach dem Einführungs-Bestseller 24STUNDEN**DIÄT** wünschten sich viele Leser mehr Rezepte. Diese haben mein Team und ich für dieses 24STUNDEN**DIÄT**-Kochbuch entwickelt. Von Frühstück über Mittag- und Abendessen bis hin zu Snacks und Drinks finden Sie hier über 100 Rezepte, die das Blitz-Abnehmen nicht langweilig werden lassen.

Guten Appetit und viel Erfolg!

Achim Sam

Basiswissen

So funktioniert die Diät

Schnell und effektiv in kurzer Zeit abnehmen – das klappt mit dem richtigen Mix aus Ernährung und Bewegung. Erfahren Sie hier, wie Sie Stoffwechselprozesse in Schwung bringen, die Fettverbrennung maximieren und über Nacht Gewicht verlieren.

Die perfekte Schnelldiät: minimaler Zeitaufwand, maximale Wirkung

Sie lieben Ihr Leben so, wie es ist? Möchten sich aber nicht komplett umstellen, sondern auch weiterhin gut gefüllte Teller genießen? Sie merken aber am Bauch und auf der Waage, dass es nicht ewig so weitergehen kann? **Sie haben wenig Lust, sich deshalb dauerhaft strengen Diätregeln zu unterwerfen?** Aber hin und wieder mal die Kalorienzufuhr herunterzufahren, beim Sport richtig Gas zu geben und sich grundsätzlich an gesunde Essregeln zu halten – dazu wären Sie bereit? Nicht immer, aber – bei Gefallen – immer öfter? Dann ist die 24STUNDEN**DIÄT** genau das Richtige für Sie. Mit diesem Kochbuch können Sie sofort loslegen, denn es liefert alles, was Sie für das effektive Kurzprogramm und die Zeit danach brauchen. Zuerst gibt es praxisnahe Informationen über die Schnelldiät. Danach folgen kalorien- und kohlenhydratarme, aber gleichzeitig eiweißreiche Rezepte für morgens, mittags, abends und zwischendurch. Unser wissenschaftlich geprüftes Abnehmprogramm steht in erster Linie für schnelle Erfolge. Das Ziel bei der Entwicklung der 24STUNDEN**DIÄT** lautete: **Mit minimalem Zeitaufwand ein Maximum an Wirkung erreichen.** Das heißt: Größtmöglicher Gewichtsverlust in Form von Fett, während die Muskulatur geschont wird und somit der Jo-Jo-Effekt ausbleibt.

KEIN **FREIFAHRTSCHEIN**

Verstehen Sie die 24STUNDEN**DIÄT** nicht als Freifahrtschein für einen ungesunden Lebensstil nach dem Motto „Im Alltag esse ich süß und fettig, um dann am Wochenende alles wiedergutzumachen". Das wird nicht funktionieren. Erlauben Sie sich kleine Sünden, aber essen Sie sonst gesund.

Erfolgsstory – so ist die 24STUNDEN**DIÄT** entstanden

Erfunden wurde die Kurzdiät von zwei renommierten Experten, die sich seit vielen Jahren mit Diäten und Ernährungsthemen beschäftigen. Der ehemalige Leistungssportler, Ökotrophologe, FIT-FOR-FUN-Mitarbeiter und Bestseller-Autor Achim Sam („24STUNDEN**DIÄT**", „Clean your Life") und der Ernährungswissenschaftler Prof. Dr. Michael Hamm, Experte für Sport- und Fitnessernährung in Hamburg und Autor mehrerer erfolgreicher Diätratgeber („Fit-for-Fun-Diät", „Die Idealdiät"), wollten es zusammen wissen: Wie kann man gesund, ohne Jo-Jo-Effekt und ohne Dauerdiät ganz schnell – tatsächlich an nur einem Tag – bis zu zwei Kilo abnehmen und das Gewicht danach halten? Michael Hamm glaubte zunächst selbst nicht an den Erfolg und nennt das zugrundeliegende Stoffwechselprinzip inzwischen eine kleine Diätrevolution.

Achim Sam hat mit der 24STUNDEN**DIÄT** selbst acht Kilo abgenommen und nutzt das Programm bis heute immer mal wieder. **„Wenn ich Lust habe, beim Essen über die Stränge zu schlagen, lege ich am nächsten Tag einfach eine 24STUNDENDIÄT ein."**

Auch viele andere verbuchten ähnliche Erfolge und empfahlen die 24STUNDEN**DIÄT** weiter. Von „akte" über „taff" bis zum Sat1-Frühstücksfernsehen – Achim Sam wurde immer wieder in TV-Sendungen eingeladen, stellte sich kritischen Fragen und konnte schließlich mit seinem Programm überzeugen. Die Medien zeigten sich anfangs skeptisch. Funktioniert das tatsächlich? Verschiedene Journalisten machten den Selbstversuch. „FÜR SIE" bestätigte nach erfolgreichem Test: 1,8 Kilo weniger. „Abnehmen über Nacht?", fragte „BRIGITTE" und kam zu dem Ergebnis: Es geht, „hart, aber ehrlich". Auch „PETRA" stellte den „24-Stunden-Masterplan" vor. „bella" („vier Pfund weg an einem Tag"), „CLOSER" („schnell und sportlich abnehmen"), „BUNTE" („hart, aber es geht") und „freundin" („ja, sie funktioniert wirklich") stellten der Kurzdiät ein gutes Zeugnis aus. TV-Koch Steffen Henssler nahm die 24STUNDEN**DIÄT** unter die Lupe. **Und der Komiker Mario Barth wagte es sogar, seiner Freundin das Buch zu schenken, befürchtete aber, dass sie sauer wird. Wer schenkt seiner Liebsten schon ohne Risiko ein Diätbuch? „Fehlanzeige", schreibt Mario Barth auf Facebook, „es funktioniert, sie ist happy, und ich habe meine Ruhe."**

Kurz und knackig, aber trotzdem wirksam

Schlank in 24 Stunden – das klingt zugegebenermaßen erst einmal nach einem unseriösen Versprechen. Schließlich löst sich kein Fettpolster über Nacht in Luft auf. Und niemand kann sein Leben von einem Tag auf den anderen komplett umstellen und nach einem Diätwochenende schick erschlankt in den Alltag zurückkehren. Bedenken sind also berechtigt. Crash-Diäten, die einfach darauf basieren, dass jemand zu wenig isst, würden nicht mehr hinterlassen als ein riesiges Loch im Bauch. Nach Ablauf der 24-Stunden-Frist würde dieses Loch heißhungrig (und deshalb übermäßig) gestopft, sodass die Waage 48 Stunden später mehr anzeigt als vor der Diät.

Einfach ein Wochenende lang den Kühlschrank geschlossen lassen, viel Sport treiben und kaum etwas essen – auch das ist keine Lösung und würde ebenfalls nicht funktionieren. **Die 24STUNDENDIÄT ist anders als eine Crash-, Fasten- oder Nulldiät. Ihre Wirkung ist wissenschaftlich bewiesen und hat sich mittlerweile vielfach in der Praxis bewährt.** Die Kurzdiät basiert auf verschiedenen Gesetzmäßigkeiten, die einzeln bereits nachweislich wirken, in der Zusammenführung aber noch viel stärker werden. Wir berücksichtigen Vorgänge im Körper, die den Diäterfolg auf natürliche Weise beschleunigen. Unser Organismus macht nämlich vieles von ganz alleine, weil es sich von Urzeiten bis heute als richtig fürs Überleben erwiesen hat.

Zum Beispiel greift der Körper seine eigenen Fettreserven nicht gerne an, wenn keine akute Not besteht. Das Reservelager möchte er schließlich für echte Notzeiten behalten. Woran bemerkt er echte Notzeiten? In der Steinzeit war das einfach. Quälender Hunger begann dann, wenn nichts mehr kam – und zwar längerfristig. Heute ist das nicht anders. Nur dass wir schnell loslaufen können und garantiert Essbares finden. Zum Beispiel beim nächsten Bäcker. Ein Stück Butterkuchen hilft auf der Stelle. Die darin enthaltenen Kohlenhydrate – die insbesondere im Zucker stecken – sind eine schnelle Energiequelle. Sie besänftigen den hungrigen Körper umgehend. Die Not ist vergessen, kurze Zufriedenheit stellt sich ein. Der Organismus greift – ökonomisch, wie er nun einmal angelegt ist – nach den schnellen Glücksgefühl-Bringern. Um sie in die Zellen zu schleusen, braucht er das Hormon Insulin, das wiederum den Fettabbau blockiert. Deshalb ist Abnehmen in Zeiten der ewigen Verfügbarkeit so schwierig.

Eines der 24STUNDEN**DIÄT**-Erfolgsrezepte: Die Kohlenhydratspeicher werden geleert

Die 24STUNDENDIÄT unterscheidet sich von anderen kohlenhydratreduzierten Diäten dadurch, dass sie am Anfang auf Entleerung der körpereigenen Kohlenhydratspeicher durch intensives Intervalltraining setzt. Dadurch wird erst die nachfolgende Fettmobilisierung möglich bzw. optimiert. Gleichzeitig muss der Kohlenhydratnachschub mit der Nahrung für die entleerten Speicher begrenzt werden. Für die 24STUNDEN**DIÄT** bedeutet das, dass wir nicht nur auf eine proteinbetonte Ernährung setzen, sondern in erster Linie auf eine Entleerung der Kohlenhydratspeicher zu Beginn jedes 24STUNDEN**DIÄT**-Programms.

FRIDAY

So sieht ein **perfekter Fett-weg-Tag** aus

Abend am Tag davor

1 **Die 24STUNDENDIÄT beginnt üblicherweise am späten Nachmittag oder frühen Abend mit Bewegung.** Gut, wenn die Kohlenhydratspeicher dann nicht noch zusätzlich gefüllt wurden. Vermeiden Sie also möglichst schon am Mittag davor Pizza, Pasta und Co. Am Nachmittag gibt es nur noch einen leichten Snack; zwei Stunden vorm Training essen Sie gar nichts mehr und verzichten auf koffeinhaltige Getränke wie Kaffee, Cola oder Energy-Drinks, denn Koffein schont den Kohlenhydratspeicher, der ja eigentlich geleert werden soll. Sport treiben heißt bei unserem Programm: Schwitzen und 60 Minuten lang alles geben, bis man wirklich erschöpft ist. Ideal dafür sind Einheiten mit Intervall-Training.

2 **Die letzte Mahlzeit des Tages nehmen Sie möglichst früh ein, am besten drei bis vier Stunden vorm Schlafengehen.** Das regt die Bildung von Wachstumshormonen an. Verzichten Sie abends auf Kohlenhydrate, also auf Brot, Nudeln, Reis, Kartoffeln, Süßigkeiten, Knabbereien und gezuckerte Getränke. So vermeiden Sie Insulinausschüttungen, die die Fettverbrennung blockieren. Perfekte Abendgerichte finden Sie ab Seite 120.

Nachts

3 **Schlafen Sie lange und gut.** Mindestens sieben Stunden. Um erholsam zu schlummern, muss der Körper heruntergefahren werden. Schalten Sie rechtzeitig ab, begeben Sie sich in den Entspannungsmodus. Wichtig: Handy, PC und den Fernseher ausschalten. Dunkelheit fördert die Bildung des Schlafhormons Melatonin.

Die Hälfte ist geschafft!

Morgens

4 **Das Frühstück am nächsten Tag hat zwei Funktionen.** Es soll Kraft geben und munter machen – und zwar eiweißreich. Auch dazu haben wir spezielle Rezepte entwickelt (ab Seite 38).

5 **Nach dem Frühstück steht wieder Bewegung auf dem Programm.** Auch wenn es jetzt besonders schwerfällt, muss ein leichtes Training sein. Gemäßigtes Laufen, Walken oder Gehen ist angemessen. Wichtig: Diesmal geht's nicht bis an die Belastungsgrenze. Bewegen Sie sich so, dass Sie sich nebenbei noch gut unterhalten können.

6 Wenn die Kalorienbilanz es zulässt, darf ein **Vormittagssnack** nach dem Sport sein (ab Seite 98).

Mittags

7 **Das Mittagessen ist wie am Vortag low carb und eiweißreich.** Entsprechende Rezepte gibt es ab Seite 52 bzw. für alle, die mittags unterwegs sind, leckere Mitnehmrezepte im Kapitel „to go" ab Seite 82.

8 **Am Nachmittag ist ein Snack erlaubt.** Anregungen für die kleinen Zwischenmahlzeiten gibt es ab Seite 98.

Abends

9 **Mit dem Abendessen endet der zweite Tag der 24STUNDENDIÄT.** Schließen Sie die Küche nach der letzten Mahlzeit und gehen Sie drei bis vier Stunden später ins Bett.

GESCHAFFT!

ACHTUNG

Der Energieverbrauch ist bei Männern höher als bei Frauen. Deshalb essen Männer entweder einen zweiten Snack oder bei der Hauptmahlzeit eine doppelte Portion.

Wann ist **der beste Zeitpunkt** für die 24STUNDEN**DIÄT**?

Theoretisch geht es jeden Tag. Wenn Sie ohnehin regelmäßig in den frühen Abendstunden intensiv sporteln, wird es Ihnen nicht schwerfallen, die 24STUNDEN**DIÄT** auch im Alltag durchzuführen. Wir empfehlen aber trotzdem das Wochenende – und zwar mit Start am Freitagabend. **Der Freitag ist dann der Einstieg, der Samstag der Diättag.** Das Argument „Ich möchte mir doch mein Wochenende nicht mit einer Diät verderben" können Sie selbst entkräften: Sonntag ist diät- und sportfrei. Sie dürfen entspannen.

Ob mit guten Vorsätzen zum 1. Januar, als Start in den Frühling, zum In-Form-Kommen vor dem Sommerurlaub, zum Abnehmen danach oder einfach zwischendurch – warten Sie nicht wochenlang auf die beste Zeit, um loszulegen.

Starten Sie sobald wie möglich in ein besseres, gesünderes und schlankeres Leben. Schließlich soll man gute Vorsätze ja bekanntlich innerhalb von drei Tagen umsetzen. Umso besser, wenn dann schon nach 24 Stunden spürbar gute Ergebnisse erzielt werden. Das motiviert, auch längerfristig am Ball zu bleiben oder immer wieder neu einzusteigen.

Führt das **Kurzzeit-Programm** bei jedem zum Erfolg?

Wir werden immer wieder gefragt, ob es nicht auch hoffnungslose Fälle gibt, in denen gar nichts geht. Unsere Erfahrung und wissenschaftliche Untersuchungen zeigen, dass jemand, der die 24 Stunden konsequent durchhält, auf jeden Fall Gewicht verliert. Nur die Höhe schwankt von Fall zu Fall. Es gibt Leute, die schließen mit einem Minus von zwei Kilo ab, der Durchschnitt liegt bei 1,5 Kilo. Am wenigsten hat eine Diättesterin verloren, die bereits sehr schlank war – nämlich nur ein Pfund.

!

OHNE WAAGE

Wer sich nicht gern wiegt, sollte es lassen. Diäterfolge spüren Sie auch anderswo, zum Beispiel am Hosenbund.

Initialzündung
für eine Ernährungsumstellung

Auch wenn das Gewicht nicht sofort rasant bergab geht, verstehen Sie das Programm als Initialzündung für eine langfristige Ernährungsumstellung. Vielleicht lassen Sie es zwei- bis dreimal im Monat zur Routine werden, um Ihr Gewicht zu halten oder um noch mehr abzunehmen. Oder Sie nutzen es als Einstieg und zum Ausgleich nach kleinen Rückfällen, die es zwischendurch immer mal wieder geben wird. **Für die 24STUNDENDIÄT brauchen Sie kein großes Equipment.** Sie können sie sogar mit in den Urlaub nehmen. Ob Sie draußen joggen oder drinnen Fitnessgymnastik machen – Sie benötigen Platz für Sport, passende Rezepte und das Wissen über die Grundlagen der 24STUNDEN**DIÄT**, sodass Sie sich Ihren Speiseplan auch ohne Rezeptbuch zusammenstellen können.

Die 24STUNDEN**DIÄT** basiert auf mehreren Säulen

- **Kohlenhydrate** werden durch Sport geleert, und somit wird die Tür zu den Fettdepots geöffnet.
- Wir setzen **Muskeln** gezielt als Schlankmacher ein.
- Die Kalorien sind so berechnet, dass ein **Energiedefizit** erzeugt wird.
- Eiweiß gibt Kraft und macht schlank: **Wir nutzen die Protein-Power**.
- Hormone werden so gesteuert, dass sie den **Abnehmprozess optimal unterstützen**.
- Insulinausschüttungen werden durch Ernährung und Bewegung reduziert, um die **Fettverbrennung** anzukurbeln.
- **Es wird nicht gefastet**, und die Muskeln bleiben erhalten, was den Jo-Jo-Effekt verhindert.
- Wir kochen mit **gesunden Zutaten**, die die Diätziele nachhaltig unterstützen. Fertigessen kommt nicht auf den Tisch.
- Es gibt **wenig, aber hochwertiges Fett** aus überwiegend ungesättigten Fettsäuren.

Eine **nicht für möglich gehaltene Fettverbrennung** wird erreicht

Im Jahr 2010 wollten wir es genau wissen. Einzelne Probanden wurden an der Universität Freiburg während der 24STUNDEN**DIÄT** untersucht. Am Beispiel eines 84,3 Kilo schweren Mannes ließ sich dabei verfolgen, wie die Fettverbrennung sich steigern kann, wenn sie gezielt von bestimmten Nahrungsmitteln in Kombination mit Bewegung beschleunigt wird. Unser Mann begann am Abend mit intensivem Radfahren. Anhand seines Atems (ermittelt wurde das mit einer sogenannten Atemgasmessung) stellten Forscher fest, dass seine Fettverbrennung sich über Nacht fast verdoppelte (sie stieg von 40 auf 73 Prozent) und er gleichzeitig weniger Hungerhormone und Insulin produzierte. Die Produktion von Wachstumshormonen wurde angekurbelt. Sein Gewicht sank um mehr als ein Kilo, von 84,3 auf 83 Kilo.

Am nächsten Tag ging der Proband nach dem Frühstück joggen, was die Fettverbrennung nochmals aktivierte (sie erreichte 78,4 Prozent). Das morgendliche Essen senkte die Hungerhormone, steigerte die Wachstumshormone und ließ den Insulinspiegel konstant. Der Sport nach dem Frühstück trieb den Insulinspiegel herunter. Das Gewicht sank noch einmal auf 82,8 Kilo. Mittags und abends aß er nach Rezepten der 24STUNDEN**DIÄT**, nahm ein bisschen zu (83,1 Kilo), was aber zum Schlafengehen schon wieder herunter war. Die Fettverbrennung erreichte ihren Höhepunkt (85 Prozent), das Gewicht sank auf 82,3 Kilo. Er hatte also tatsächlich in 24 Stunden zwei Kilo verloren.

Eine andere Studie bestätigt auch die langfristige Wirkung einer Schnelldiät. Ob man langsam oder zügig abnimmt – das ist auf die Dauer kein nennenswerter Unterschied, stellten australische Wissenschaftler der Universität Melbourne fest. Sie verweisen jedoch auf den psychologischen Aspekt der fixen Erfolge. **Schneller Gewichtsverlust kann motivieren, mit einer Diät weiterzumachen.** Im Rahmen der Studie erreich-

TOP **MOTIVIERT**

Schnelle Erfolge beflügeln. Motivieren Sie sich selbst, indem Sie Ihr großes Ziel in kleine Etappen zerlegen. Verbuchen Sie jede 24STUNDEN**DIÄT**-Mahlzeit und jede Sporteinheit als Erfolg.

ten die Teilnehmer der Schnelldiät-Gruppe im Vergleich zu denen, die langsam vorgingen, ihr Gewichtsziel häufiger und brachen ihr Programm seltener ab.

Im Idealfall bewirkt die 24STUNDENDIÄT, dass Sie danach bewusster essen, besser auf Ungesundes verzichten können und erfahren haben, dass man zum Beispiel auch mal mit einem Salat oder einer Suppe auskommt. Dass ein Nachmittag sich auch ohne Kuchen überstehen lässt. Dass Sport zwar anstrengend ist, aber auch tolle Erfolgserlebnisse bescheren kann.

Hormone perfekt regulieren und **den Verschlankungsprozess erleichtern**

Schlank werden und schlank bleiben ist auch eine Frage der hormonellen Regulation, auf die sowohl die Ernährung als auch die Bewegung entscheidenden Einfluss haben. So ist die Steuerung des Blutzuckerspiegels durch Insulin und Glukagon für die Speicherung und Freisetzung der Energie, aber auch für die Hunger-/Sättigungsregulation ausschlaggebend. Dazu tragen auch die Hormone Ghrelin und Leptin bei, die von dem genau aufeinander abgestimmten Bewegungs- und Ernährungsprogramm positiv beeinflusst werden, sodass wir trotz geringerer Nahrungsaufnahme weniger Appetit haben. **Gelingt es, durch lange Esspausen und wenig Kohlenhydrate den Blutzuckerspiegel in Schach zu halten, reduziert das die Heißhungergefahr.**

Die Tatsache, dass Wachstumshormone den Muskelaufbau und die Fettverbrennung fördern, wird in der 24STUNDEN**DIÄT** ebenfalls genutzt. Innerhalb von einem Tag und einer Nacht werden diese Hormone aktiviert. Das gilt übrigens nicht nur für Sportskanonen. Auch weniger sportliche Probanden erreichten in kurzer Zeit die maximal mögliche Fettverbrennung. Und was passiert danach? Weil einerseits die Fettverbrennungsrate oft ihre maximalen Werte erreicht, andererseits der Muskelverlust dadurch nur sehr gering ist, **muss man keine Angst vor dem gefürchteten Jo-Jo-Effekt haben, der nach ungesunden Crash-Diäten schnelle Erfolge zunichte macht.**

Individuell verschieden: die ideale Energiemenge zum Abnehmen

Frauen sollten im Rahmen der 24STUNDEN**DIÄT** nur 800 bis 1000 Kilokalorien zu sich nehmen (eventuell einen Snack weglassen, wenn mit den drei Hauptmahlzeiten schon genug Kalorien auf dem Teller sind). Männer brauchen zwischen 1000 und 1200 Kilokalorien. Unser Körper verbraucht ständig Energie. Selbst wenn wir uns in absoluter Ruhe befinden und einen leeren Magen haben. Dieser Energieverbrauch nennt sich Grundumsatz oder Ruhe/Nüchternumsatz. Dazu kommt der Erhaltungsumsatz für normale Freizeit- und Berufsaktivitäten. Außerdem können wir zusätzliche Energie durch Sport verbrauchen („Aktivitätsumsatz"). Dieser Energieverbrauch ist ganz unterschiedlich – je nachdem, ob, wie viel, wie und welcher Sport getrieben wird. **Um abzunehmen, müssen wir mehr Kalorien verbrauchen, als wir aufnehmen.**

Kohlenhydrate – Dickmacher oder Sportlernahrung?

Die Kohlenhydrate spielen bei der 24STUNDEN**DIÄT** eine entscheidende Rolle. Ohne sie geht es nicht, doch zum falschen Zeitpunkt und bei einem ungesunden Lebenswandel werden sie schnell zu Dickmachern. Der Wert der Carbs ist in der schlanken Ernährung umstritten. In vielen Diätprogrammen werden sie verteufelt, gleichzeitig sind sie aber für Sportler unentbehrlich. Wer ihre Bedeutung für die eigene Ernährung richtig einschätzen möchte, sollte seine Ernährungsbedürfnisse genau betrachten. Sind Sie fit, schlank und sportlich? Schaffen Sie es, nach einem Stück Kuchen aufzuhören? Dann können Kohlenhydrate in angemessenen Mengen Ihnen nicht viel anhaben. Gehören Sie zur Gattung der Sitzmenschen, die wahllos Weißmehlprodukte, Softdrinks oder Süßigkeiten in sich hineinstopfen und kein Ende finden, wenn sie einmal damit angefangen haben? Dann sind die Carbs eine echte Gefahr für Ihre Figur – und Ihre Gesundheit.

Die günstigen und die ungünstigen **Carbs**

Dabei dürfen Sie nicht vergessen: Kohlenhydrate sind nicht gleich Kohlenhydrate. Es gibt gute, günstige, auf die man nicht verzichten sollte, und schlechte, ungünstige, die Sie getrost vom Speiseplan streichen dürfen. Besonders ungesund sind die, die vom Körper schnell aufgenommen werden, den Insulinspiegel im Nu nach oben treiben – und meistens leider richtig gut schmecken. Zucker, gesüßte Getränke, Süßigkeiten, Kuchen, Kekse, Weißbrot und andere Produkte aus Weißmehl gehören dazu. Vollkornprodukte und Gemüse hingegen enthalten günstige Kohlenhydrate. Deren Ballaststoffe bewirken, dass der Körper sie langsamer verarbeitet. Sie sättigen besser, lassen den Insulinspiegel nur mäßig steigen und machen nicht so schnell dick. **Deshalb gilt die Schlankregel: Halten Sie den Insulinspiegel niedrig. Das gelingt am besten, indem Sie darauf achten, dass die Lebensmittel, die Sie essen, einen niedrigen glykämischen Index haben.**

Der glykämische Index – was ist das?

Wie bereits erwähnt, spielt das Hormon Insulin beim Abnehmen und bei der 24STUNDEN**DIÄT** eine zentrale Rolle. Es wird von der Bauchspeicheldrüse produziert und ist für die Nutzung, Verteilung und Speicherung der Energie zuständig. Es besitzt eine einzigartige Fähigkeit, die für die Gesundheit und fürs Schlankwerden wichtig ist: **Insulin reguliert den Blutzuckerspiegel nach dem Essen.** Wie gut das gelingt, hängt vom Essverhalten jedes Einzelnen ab. Insulin arbeitet als Gegenspieler zu einem anderen Hormon: zu Glukagen, das im Organismus den gegenteiligen Job hat. Es verhindert einen allzu starken Abfall des Blutzuckers, indem es Kohlenhydratspeicher des Körpers mobilisiert und die Neubildung von Blutzucker steuert. Wenn wir viel und oft zwischendurch Zuckriges essen, steigt der Blutzuckerspiegel schnell an und führt zu einer hohen Insulinausschüttung. Schließlich möchte der Körper die zugeführte Energie zu den Muskeln schaffen und in Form von Glukose in die Zellen verteilen.

Diesen Transport regelt das Insulin und arbeitet dabei wie ein Türöffner. Es öffnet die Zellen auch für die Fettsäuren. Dann wird aber auch überschüssige Glukose, die nicht energetisch genutzt wird oder als Glykogen gespeichert wird, zur Fettsäuresynthese genutzt. **Passiert das über einen langen Zeitraum, bildet sich unerwünschtes „Hüftgold".** Die Zellen reagieren nicht mehr richtig auf den ständig hohen Insulinspiegel. Sie werden insulinresistent, das Transportsystem bricht zusammen, der Stoffwechsel verschlechtert sich, der Mensch wird krank. Diabetes Typ 2 entsteht. Es gibt nur eine Rettung: Abnehmen mit gesunder Ernährung und viel Bewegung. Die ungünstigen Kohlenhydrate (zum Beispiel Weißmehlprodukte, Zuckerreiches, Traubenzucker) haben einen hohen glykämischen Index und gelten als Figurkiller, weil sie die Fettverbrennung ausbremsen.

Sport – das richtige Maß zur richtigen Zeit

Auch wenn es oft schwerfällt: Sport muss sein. Denken Sie daran, dass Bewegung nach einer gewissen Zeit zur Routine werden kann. Aufraffen ist dann kein Problem mehr. Im Gegenteil. Wer sich regelmäßig in Schwung bringt und Freude empfindet, wenn es anstrengend wird, vermisst seine Trainingseinheiten, sobald sie ausfallen. Wenn Sie diesen Punkt erreichen, haben Sie es geschafft.

Je nach Kondition raten wir am ersten Abend der 24STUNDENDIÄT zu einem mehr oder weniger intensiven Intervalltraining. Dafür eignet sich am besten sportliches Radfahren, Laufen auf dem Laufband oder draußen Joggen – und zwar, dem eigenen Leistungsniveau entsprechend, zwischen 45 und 120 Minuten lang. **Ein solches Training ist optimal, um die Kohlenhydratspeicher zu entleeren. Der Körper fängt dann schneller an, die Fettdepots zur Energiegewinnung heranzuziehen.**

Intervalltraining zeichnet sich dadurch aus, dass die Intensität abwechselt. Wenn beispielsweise ein Untrainierter sich 45 Minuten Joggen vorgenommen hat, beginnt er mit zehn Minuten lockerem Laufen in moderatem Tempo. Die nächsten fünf Minuten zieht er die Geschwindigkeit an und läuft jetzt zügig. Anschließend gilt: Fünfmal hintereinander jeweils zwei Minuten Belastung, unterbrochen von jeweils zwei Minuten schnel-

lem Gehen. Die letzten zehn Minuten läuten mit leichtem Traben die Regenerationsphase ein. **Genaue Trainingspläne gibt es in unserem Basisbuch „24STUNDENDIÄT“.** Hier werden auch viele andere wichtige Fragen beantwortet: Welcher Sport passt zu mir? Soll ich besser nach Gefühl oder mit einem Herzfrequenzmesser trainieren? Welche Infrastruktur benötige ich für welchen Sport?

Wenn das Freitag-Abend-Training absolviert ist, haben Sie den härtesten Teil der 24STUNDENDIÄT schon hinter sich. Am Vormittag danach stehen moderatere Bewegungseinheiten auf dem Programm. Auch wenn diese nicht so anstrengend sind, wirken sie äußerst effektiv. Sie bringen nämlich die Fettverbrennung auf Höchstniveau.

Die Rezepte – low carb und viel Protein

In diesem Buch finden Sie zu jeder Mahlzeit passende Rezepte, die jeweils nach denselben Kriterien aufgebaut sind. **Bei allen kommen weniger als 20 Prozent der Gesamtkalorien aus Kohlenhydraten.** Das ist nicht viel und für manche sicher ungewohnt. Wer befürchtet, nicht satt zu werden, darf sich trösten: **Es gibt stattdessen viel hochwertiges Eiweiß. Auch Fett ist keineswegs tabu.** Denn Sattwerden muss sein. Wir gehen aber sparsam mit Fetten um und achten darauf, dass hochwertiges Fett mit vielen ungesättigten Fettsäuren verwendet wird. Das muss sein, um die empfohlene Kalorienmenge einzuhalten.

Dafür gibt es oft eine ordentliche Portion kohlenhydratarmes Obst und viel Gemüse dazu. Das liefert Volumen und Nährstoffe, macht gut satt, hat aber kaum Kalorien. Bei den Zutaten haben wir darauf geachtet, dass überwiegend naturbelassene Zutaten verwendet werden und Sie auf Fertigprodukte verzichten können.

Die Rezepte in diesem Buch sind jeweils für eine Person berechnet (Ausnahme ist das Kapitel „Für Gäste“, in dem die Rezepte für vier Personen ausgelegt sind). Weil es oft schwierig und teuer ist, kleine Mengen einzukaufen, empfehlen wir, mehrere Portionen zu kochen. Vielleicht isst die Familie mit (deren Portion lässt sich mit Brot oder anderen Beilagen anreichern), oder Sie machen die 24STUNDEN**DIÄT** zusammen mit Gleichgesinnten. Einige der Gerichte eignen sich auch zum Einfrieren.

Gesunde Vorräte –
was Sie im Haus haben sollten

Wenn Sie außerhalb der 24STUNDEN**DIÄT**-Tage nicht nach Rezept kochen, aber trotzdem schlank und gesund weiteressen wollen, sollten Sie Ihre Vorratslager aufrüsten. Praktischerweise gibt es Lebensmittel, von denen man kaum zu viel essen kann. Wenn Sie die immer im Haus haben, werden Sie satt, essen aber nicht einfach aus Lust viel zu viel. Dazu gehören:

- **Eier**
- **Essig** (Aceto balsamico)
- **Fettarmer Käse**
- **Fisch** (tiefgefroren)
- **Fleisch und Fleischwaren** (Steak, Filet, Braten, Schnitzel ohne Panade)
- **Frische Kräuter** (Basilikum, Petersilie, Schnittlauch)
- **Frischkäse** (0,2 %)
- **Geflügel** (Hähnchen, Pute)
- **Gemüsebrühe**
- **Gewürze** (Salz, Pfeffer, Paprikapulver, Currypulver, Cayennepfeffer, Chiliflakes, Garam Masala, Zimtpulver)
- **Naturjoghurt** (0,1 %)
- **Öle** (sehr gut und vielseitig sind Rapsöl und Olivenöl)
- **Senf, Meerrettich** (aus dem Glas)
- **Sojasauce**
- **Tiefkühlgemüse** (ohne Fertigsaucen oder Panaden)
- **Tofu**
- **Zitronen**
- **Zwiebeln**

Zusätzliche Vorräte

Zusätzlich zu den Basics (s. links) empfiehlt es sich, folgende Zutaten im Haus zu haben:

- **Chiasamen** (oder Leinsamen)
- **Edamame** (Sojabohnen; tiefgekühlt; im Asialaden)
- **Kokosmehl**
- **Lucumapulver**
- **Mandelmehl**
- **Mandelmus**
- **Quinoa**
- **Seidentofu**
- **Sojadrink** (ungesüßt)
- **Sojaflocken**
- **Sojakerne** (geröstet)
- **Tahin**

Einige dieser Produkte zählen zu den Superfoods, sind also Lebensmittel, die besonders viele und hochkonzentrierte wertvolle Inhaltsstoffe haben. Es gibt sie in Bioläden, Drogeriemärkten, Reformhäusern oder in gut sortierten Supermärkten zu kaufen.

SCHLAU **KAUFEN**

Suchen Sie sich einen Diätpartner, mit dem Sie sich dann auch die etwas teureren Lebensmittel „teilen" können, um die Kosten im Rahmen zu halten.

Abnehmen à la carte

An den Diättagen dürfen Männer 1000 bis 1200 Kilokalorien essen, für Frauen gibt es 800 bis 1000 (siehe auch Seite 20). Das gilt nur für die Mahlzeiten am Diättag. **Das Abendessen am ersten Tag zählt nicht dazu.** Die Aufnahme der Kalorien sollte sich möglichst gleichmäßig über den Tag verteilen. Trotzdem können Sie ein bisschen flexibel bleiben. Haben Sie zum Beispiel mittags besonders viel Hunger und vertilgen eine doppelte Portion, sollte der Snack am Nachmittag leichter sein oder ganz ausfallen. Sie können sich Ihren Essplan mit den Rezepten individuell zusammenstellen und zum Beispiel auch Mittag- und Abendessen tauschen (Beispiele dafür finden Sie auf den Seiten 162 bis 165) – Hauptsache, Sie kommen auf die vorgegebene Kalorienmenge. Und natürlich gilt: **Futtern Sie die eingesparten Mengen nicht gleich doppelt und dreifach nach, wenn die 24STUNDENDIÄT vorbei ist.**

Und wenn keine Zeit zum Kochen bleibt?

Frisch einkaufen, die passenden Zutaten im Haus haben, Zeit und Muße zum Zubereiten – nicht immer wird es möglich sein, dass Sie nach Rezept kochen. Eine leckere Alternative ist daher unser Diät-Shake (siehe S. 54), der superfix gemixt ist und ein Mittag- oder Abendessen ersetzt. Auch wenn Sie auf Reisen sind, im Restaurant oder in der Kantine essen müssen, sollten Sie nicht alle Regeln über Bord werfen, die die 24STUNDEN**DIÄT** vermittelt hat. Dafür gelten ein paar Grundlagen, die sich an den Diättagen ebenso wie an ganz normalen Tagen umsetzen lassen.

Wer schnell überflüssige Pfunde verlieren will, setzt auch außerhalb der Diättage auf eiweißreiche, kohlenhydratarme Ernährung. Eine gute Orientierung sind die Rezepte in diesem Buch. Wenn Sie ein Gefühl für die richtigen Mengen entwickelt haben, müssen Sie im Alltag kaum auf Kalorien achten. An den Diättagen hingegen gilt es, die Mahlzeiten entweder nach den Rezepten aus diesem Buch zusammenzustellen oder den Energiegehalt einzelner Lebensmittel zu berechnen. **Auch wenn Sie schnelle Erfolge sehen möchten, sollten Sie auf keinen Fall weniger oder sogar gar nichts essen.**

Selbst beim Auswärts-Essen können Sie die guten Vorsätze durchhalten. Bestellen Sie zum Beispiel einen Salat mit Eiweiß-Power in Form von Hähnchenstreifen, (Schafs)Käsewürfeln, Krabben oder Ei. Auch Suppen mit Fleischeinlage, Fisch und Gemüse dürfen guten Gewissens auf den Tisch. Soll es etwas mehr sein, ergänzen Sie Fleisch oder Fisch mit Gemüse oder Salat, verzichten aber auf kohlenhydrathaltige Beilagen (Nudeln, Kartoffeln etc.).

!

KLEINE PAUSE

Ob Wasser, ungesüßter Tee oder Kaffee – kippen Sie kalorienfreie Getränke nicht nebenbei hinunter, sondern nehmen Sie sich Zeit dafür und genießen Sie die kleine Trinkpause zwischendurch.

Auch Fruchtsäfte machen dick

Getränke haben ihre Tücken. „Die machen doch gar nicht satt, also auch nicht dick", heißt es oft. Das ist aber ein großer Irrtum. Vor allem Säfte, Bier, Smoothies, Cola und Softdrinks haben es in sich. Richtig figurgefährlich sind Fruchtsäfte. Die stehen nämlich im Ruf, besonders gesund zu sein. Also greifen wir guten Gewissens zu. Doch selbst wenn ein Apfel-, Maracuja- oder Orangensaft ohne zusätzlichen Zucker hergestellt wird, blockiert er die Fettverbrennung ähnlich wie Süßigkeiten. Schließlich sind auch die von Natur aus enthaltenen fruchteigenen Zucker Kohlenhydrate und liefern Kalorien. Das bedeutet natürlich nicht, dass Sie das Trinken reduzieren sollten. Im Gegenteil: **Selbst wer keinen Sport treibt, braucht jeden Tag mehr als zwei Liter Flüssigkeit.** Etwa ein Viertel davon nehmen wir über die Nahrung zu uns – zum Beispiel über Obst, Gemüse, Saucen oder Suppen. Mehr als ein Liter muss über Getränke dazukommen. Wer keinen Sport treibt und sich auch sonst wenig bewegt, kann mit 1,5 Liter Flüssigkeit am Tag auskommen. **Während der 24STUNDENDIÄT sollten es aber mehr werden. Wir empfehlen mindestens 2,5 Liter.** Damit das nicht aufs Kalorienkonto schlägt, müssen die Getränke energiefrei sein. Zum einen, weil Sportler mehr Flüssigkeit verbrauchen und deshalb auch mehr aufnehmen müssen. Zum anderen, weil Getränke ohne Kalorien den Abnehmprozess effektiv unterstützen. Sie regen das Ausscheiden von Stoffwechselprodukten und Salzen an. Wer zwei Liter Wasser trinkt, verbraucht 100 kcal zusätzlich.

Effektiver Helfer: Wasser unterstützt das Abnehmen

Das beste Getränk ist und bleibt Wasser. Ob mit oder ohne Kohlensäure, aus der Leitung oder aus der Flasche – das ist Geschmacksfrage. Für Sportler und 24STUNDEN**DIÄT**ler eignet sich Wasser mit viel Magnesium (100 mg/l) und mittleren Natriumwerten (200 bis 400 mg/l) am besten. Wer Wasser pur nicht mag, kann es mit Zitrone oder Ingwerscheiben „pimpen".

Vorübergehend können wir auf vieles verzichten, aber niemals auf Wasser. Denn es ist wichtig für Herz, Kreislauf und Nieren, es transportiert Nährstoffe und Sauerstoff übers Blut in die Zellen. Ohne Wasser werden wir schneller müde und belasten das Herz-Kreislauf-System stärker. Der Darm arbeitet träger als sonst. **Außerdem ist Wasser eine prima Hungerbremse – es füllt den Magen ohne zusätzliche Kalorien.** Wenn Sie bärenhungrig zu Tisch kommen, trinken Sie ruhig erst mal ein großes Glas Wasser. Das beschäftigt den knurrenden Magen.

Beim Kaffee kommt es auf den richtigen Zeitpunkt an

Auch Tee gehört zu den kalorienfreien Durstlöschern. Ungezuckerter Früchte-, Kräuter- oder Roibuschtee ist erlaubt. Bei Kaffee (ungesüßt) sollten Sie auf die Menge (nicht mehr als zwei bis drei Tassen täglich) und den Zeitpunkt achten. Vor dem Training eignet Kaffee sich nicht, denn der Kohlenhydratspeicher braucht länger, um sich zu entleeren, wenn Koffein im Spiel ist. Nach dem Training und am Folgetag müssen Sie sich nicht zurückhalten – Koffein kurbelt die Fettverbrennung zusätzlich an. **Und wie ist es mit alkoholischen Getränken? Auch wenn sie flüssig daherkommen: Bier, Wein und Co. sind Kalorienbomben.** Und sie regen auch noch den Appetit an. Das heißt, dass die deftige Bratwurst mit Kartoffelsalat noch begehrter wird, wenn ein Bier dazu auf dem Tisch steht. Der klassische Aperitif vorm Essen dient dazu, den Appetit anzuregen. Und dass der Hochprozentige nach der Mahlzeit die Verdauung anregt und deshalb fettkillend wirkt, gehört ins Reich der Legenden. Der Verdauungsschnaps macht schwere Speisen zwar leichter bekömmlich, aber der Körper nutzt das Fett zur Energiegewinnung und – wenn es zu viel ist – zum Abspeichern in den Fettdepots. Hinzu kommt, dass alkoholische Getränke die Fettverbrennung regelrecht blockieren. Denn während der Organismus Alkohol abbaut, kann er sich nicht um den Fettabbau kümmern. Für die 24STUNDEN**DIÄT** gilt: **Verzichten Sie in dieser Zeit auf Alkohol.** Ansonsten macht die Dosis das Gift. Gegen ein Glas Bier oder Wein (Weinschorle) zum Essen ist nichts einzuwenden.

!

TRINK**KONTROLLE**

Ist der Flüssigkeitshaushalt okay? Trinken Sie genug? Um das festzustellen, hilft ein Blick auf den morgendlichen Urin. Ist er hell, nehmen Sie genug Flüssigkeit zu sich. Bei dunklem Gelb sollten Sie mehr trinken.

TIPPS & TRICKS fürs Durchhalten

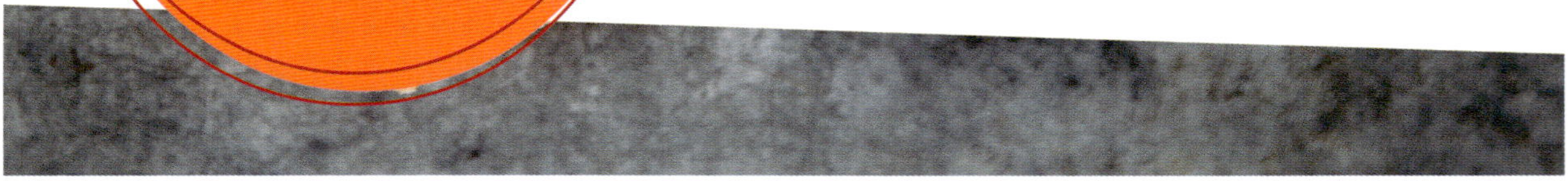

Tipps und Tricks, **die garantiert helfen**

Wenn Sie nach der 24STUNDEN**DIÄT** oder – wenn Sie das Programm regelmäßig wiederholen – zwischen zwei 24STUNDEN**DIÄT**en in den Essalltag zurückkehren, helfen ein paar Tricks beim Dranbleiben.

Machen Sie mal Pause – vom Essen

„Ich esse immer nur ganz wenig Süßes, dafür aber oft." Diese Strategie geht nicht auf. Denn selbst kleine Mengen führen zu Insulinausschüttungen. Der Insulinspiegel hat keine Chance zu sinken, wenn ständig nachgelegt wird. Deshalb sind drei fest geplante kohlenhydratbewusste Mahlzeiten besser für die Figur als viele kleine. Legen Sie lange Esspausen (mindestens vier Stunden) zwischen den Hauptmahlzeiten ein. Wer spät frühstückt und früh ins Bett geht, kann mit drei Mahlzeiten auskommen. An langen Tagen dürfen jeweils vormittags und nachmittags Snacks dazukommen. Wenn Sie einen festen Essrhythmus einhalten und sich daran gewöhnt haben, hat das auch noch einen anderen Vorteil: Sie werden außerhalb der Mahlzeiten kaum noch ans Essen denken und deshalb leichter auf Naschereien zwischendurch verzichten können.

Kein Tempo am Teller – essen Sie langsam

Bestimmt haben Sie das schon mal erlebt: Hungrig wie ein Bär kann man schlingen und schlingen, bis der Teller leer ist und der Magen drückt. „Dabei bin ich doch noch gar nicht richtig satt", heißt es dann. Doch wir unterliegen einer Sinnestäuschung. Denn erst nach 20 Minuten erreicht das Gehirn das Signal aus dem Stoffwechsel: „Ich bin satt!" Das passiert

auch dann, wenn der Magen schon vorher voll oder mehr als voll ist. Deshalb gilt: Tempo raus. Essen Sie langsam, genießen Sie jeden Bissen einzeln – und Sie werden satt und zufrieden aufstehen, obwohl Sie weniger gegessen haben.

Vorsicht: Nicht einfach fasten

Der Gedanke klingt simpel: Ich nehme all meine Disziplin zusammen, treibe Sport, trinke Wasser und löse das Essproblem mit einer Nulldiät. Ich esse also einfach gar nichts mehr. Doch das ist ein Trugschluss. Denn das führt dazu, dass der Körper auf Sparflamme stellt, den Stoffwechsel herunterfährt und den Grundumsatz ebenso wie die Kalorienverbrennung senkt. Ein Zustand, der für unseren Organismus purer Horror ist. Zuerst spart der Körper Energie, dann beginnt er die Muskeln abzubauen. Er „verbraucht" wertvolle Muskeln und leider kein überflüssiges Fett. Studien belegen: Ob mit eiweißreicher Diät oder striktem Fasten – vierwöchige Kuren führen gleichermaßen zum Verlust von 11 bis 14 Kilo Gewicht. Aber der Fettverlust ist bei einer Eiweißdiät fast doppelt so hoch. Wer reichlich Proteine isst, baut bis zu 79 Prozent Fettgewebe ab – und kaum Muskeleiweiß. Ein weiterer Pluspunkt: Wer auf Eiweiß setzt, leidet seltener an Kreislaufstörungen, Jo-Jo-Effekt, Übersäuerung oder Verstopfung, senkt das Risiko für Herz-Kreislauf-Erkrankungen und Diabetes.

Keine Ablenkung am Tisch

Im Smartphone-Zeitalter ist es für viele fast unmöglich geworden, mal eine Stunde nicht auf das heißbegehrte Gerät zu drücken. „Ich muss ja nur mal eben gucken, ob …", heißt es dann – und Ablenkung ist garantiert. Seien Sie streng mit sich selbst. Beim Essen geht es nur ums Essen. Es wird nicht gelesen, nicht nebenbei gearbeitet oder auf Bildschirme gestarrt. Genießen Sie mit allen Sinnen, sonst merken Sie gar nicht, ob Sie zu viel oder zu schnell essen und wann Sie eigentlich satt sind.

Kleine Teller, ferne Töpfe

Fünf nackte Nudeln neben ein paar Salatblättchen auf einem großen Teller? Da ist das Wort „übersichtlich" angebracht. Das Gehirn signalisiert zu Recht: „Du wirst nicht satt." Anders reagiert es, wenn der Teller richtig voll aussieht. Nehmen Sie deshalb einen kleineren und drapieren Sie reichlich Salat oder Gemüse um die Nudeln. Das Gehirn ist dann zufrieden: „Das sieht nach viel aus." Sorgen Sie außerdem dafür, dass Reste außer Sichtweite stehen, wenn Sie am Tisch sitzen. Dann gilt: „Was ich nicht weiß, macht mich nicht heiß." Allein die Möglichkeit „Oh, es ist ja noch etwas übrig" verführt zu unnötigen Nachschlägen. Wenn Sie unsere Rezepte für mehrere Tage vorkochen, verstecken Sie die Portionen für später im Kühlschrank, sobald sie abgekühlt sind. Wenn das zum Selbstschutz nicht reicht, können Sie die Reste auch einfrieren. Dann gehen Sie bestimmt nicht vorzeitig dran.

Keine dauerhaften Verbote

24 Stunden lang kann man einige Gelüste unterdrücken oder verdrängen. Dann gilt es, gar nicht erst darüber nachzudenken, auf was man alles verzichtet, sondern sich einfach nur aufs Durchhalten zu konzentrieren. Auf die Dauer ist das aber unmöglich. Denn je strenger das Verbot, desto größer wird die Lust darauf. Wenn wir ganz bewusst etwas verbannen wollen, drängt es sich regelrecht zurück – erst ins Bewusstsein, dann in die Küche und schließlich in den Magen. Die Gedanken kreisen ständig um Schokolade, wenn es heißt: Ab jetzt nie wieder Schokolade. Forscher der englischen Universität Surrey haben herausgefunden, dass Kinder Ostern mehr Schoko-Eier essen, wenn die Eltern diese verbieten oder rationieren. Wer im Rahmen der Studie selbstbestimmt futtern durfte, griff anfangs zwar etwas mehr zu, kam aber in der Gesamtbilanz auf weniger. Also: Gönnen Sie sich lieber hin und wieder etwas, worauf Sie Lust haben, um die kleine Sehnsucht schnell wieder loszuwerden.

Schlafen Sie genug

Ab ins Bett und schlafen, bis man schlank ist – das funktioniert leider nicht. Trotzdem hat unser Schlaf Auswirkungen auf die Figur. Wer mindestens sieben Stunden Nachtruhe hält, tut das Beste für seine Figur. Eine Studie der New Yorker Columbia University zeigte, dass zu wenig Schlaf (kürzer als vier Stunden) das Übergewichtsrisiko um 73 Prozent erhöht und dass es selbst bei fünf Stunden noch doppelt so hoch ist wie bei sieben. Der Grund: Fehlt Schlaf, steigt das Verlangen nach Nahrung.

!

SCHÖNER
SCHLUMMERN

Nutzen Sie beim Einschlafen Ihr Kopfkino, damit die Nacht erholsam wird. Malen Sie sich Bilder aus, bei denen Sie sich geborgen fühlen.

Entspannung bitte: Stress lass nach

Stress gehört heute zu den größten Bedrohungen für unsere Gesundheit. Gemeint ist dabei nicht kurzfristige Anstrengung, um eine besondere Leistung zu vollbringen. Im Gegenteil: Die kann richtig guttun, Spaß machen und uns in einen regelrechten Glücksrausch versetzen. Bedrohlich ist nur dauerhafte Belastung, die Stresshormone wie Adrenalin und Cortisol ohne Pausen hochtreibt und diesen Zustand chronisch werden lässt. Diese Form von Stress macht krank und dick. Denn Dauerstress lässt den Blutzuckerspiegel abfallen und verstärkt das Verlangen nach schneller Rettung in Form von Süßem und Fettem. Also Pausen machen, entspannen, auf genug Bewegung achten.

Disziplin mit Zeitbegrenzung

Wir kennen das alle. Sich aufraffen, in Schwung kommen, Sport treiben – das fällt schwer. Doch leider passiert von alleine gar nichts. Klingt hart, lässt sich aber nicht ändern: Disziplin muss sein. Wenn Sie die 24STUNDEN**DIÄT** regelmäßig machen, ist der Ausstieg aus dem ganz gemütlichen Alltagstrott nur zeitlich begrenzt, was die Sache am Anfang erleichtert. Das Argument „Zum Glück muss ich mich ja nur 24 Stunden an die Regeln halten, von denen ich sieben auch noch verschlafen darf" kann hilfreich sein.

Keine Angst vor kleinen Sünden

Die 24 Stunden sind tapfer durchgehalten, die Sehnsucht nach Süßem ist groß? Geben Sie ihr ruhig nach. Niemand wird dick, weil er hin und wieder nascht. Wichtig ist nur, dass es wirklich bei kleinen Leckereien bleibt und der einmalige Genuss nicht dazu führt, danach die guten Vorsätze aufzugeben, weil „es jetzt sowieso nicht mehr lohnt".

Hilfe, ich nehme wieder zu

„Frustrierend! Kaum habe ich mit der 24STUNDEN**DIÄT** aufgehört, da geht der Zeiger auf der Waage wieder hoch." Kein Grund zur Panik. Es ist ganz normal, wenn das Gewicht unmittelbar nach der 24STUNDEN**DIÄT** wieder nach oben geht. Die Muskeln speichern jetzt wieder Kohlenhydrate (Glykogen) und Wasser. Das abgebaute Fett kehrt aber nicht so einfach zurück – zumindest wenn Sie die eingesparten Kalorien nicht gleich doppelt oder dreifach nachfuttern.

Wie ist es denn mit Brot?

Brot ist bei den Deutschen beliebt. Wir sind bekannt für eine riesige Vielfalt an Brotsorten. Vor allem Vollkornbrote sind gesund, enthalten Vitamine, Mineralstoffe und reichlich Ballaststoffe. Aber Sie sollten nicht vergessen: Brot liefert Kohlenhydrate pur. Vor allem Brot aus niedrig ausgemahlenem weißem Mehl hat gegenüber dem mit hohem Anteil an ganzen Getreiderkörnern („Korn an Korn") einen hohen glykämischen Index. Wer nicht auf Brot verzichten will, kauft Eiweißbrot, das es inzwischen im Lebensmittelhandel gibt. Oder backt es einfach selbst! Das Rezept dazu gibt es auf Seite 47.

Der Volumentrick

Wie soll ich denn von einem Salat satt werden? Eine Suppe reicht doch nicht! Mag stimmen, wenn Sie bisher nur „richtiges Essen" zum Sattwerden akzeptieren. Doch das lässt sich ändern. Ein bisschen Täuschen und Tricksen sind erlaubt, wenn es um die gute Figur geht. Volumenreiche Lebensmittel wie Salat, Gemüse, Hülsenfrüchte, Ballaststoffe und Flüssigkeiten breiten sich im Magen aus und signalisieren dem Gehirn: Es ist viel da. Das wirkt wie ein natürlicher Appetitzügler. Man isst automatisch weniger. Die besten Volumenwunder sind Salate und Suppen – Letztere vor allem, wenn sie richtig heiß sind und deshalb langsam gelöffelt werden müssen.

Ausgleich geht immer

Machen Sie sich nicht verrückt, wenn es um das richtige Essen geht. Eine besondere Gelegenheit, ein Fest, die nächste Betriebsfeier, eine tolle Reise oder Omas Geburtstag – es gibt viele Gründe, gut zu essen, ohne ein schlechtes Gewissen zu haben. Jede Extraportion lässt sich wieder ausgleichen. Abends gibt es nur Salat, wenn die Mittagsmahlzeit deftig war. Der Kuchen zum langen Brunch am Morgen wird mit einer Extra-Trainingseinheit am Abend kompensiert. So können Sie sich selbst flexibel kontrollieren, ohne auf lieb gewonnene Gewohnheiten zu verzichten.

Motivation für den Erfolg – so gelingt das Durchhalten

Auch wenn die 24STUNDEN**DIÄT** kurz ist, erfordert sie Motivation und Disziplin. Wie gelingt das? Am besten machen Sie es wie erfolgreiche Sportler. Nutzen Sie die Macht der Gedanken. Bereiten Sie sich mental auf Ihre Kurzdiät vor. Das ist eine äußerst effektive Trainingsmethode. Gehen Sie Bewegungs- und Tagesabläufe genau durch. Visualisieren Sie Bilder, die Sie stärken – zum Beispiel von früheren Erfolgen. Überlegen Sie, wann die Gefahr besteht, dass Sie abbrechen. Wie lässt sich das verhindern? Machen Sie genaue Pläne („Ich trinke einen Kaffee, wenn die Lust auf Schokolade mich überkommt."). Wenn Sie mental gut vorbereitet sind, halten Sie besser durch – vor allem, wenn es schwierig wird.

Nicht hamstern

Während der 24STUNDEN**DIÄT** sollten Sie auf Nummer sicher gehen und nicht nur die Kohlenhydratspeicher im Körper entleeren, sondern auch die Leckereien-Lager im Haus. Hier eine Tafel Schokolade, da eine Tüte Chips – wer Vorräte anlegt, greift sie auch ab, wenn der Hunger sich meldet. Bei Heißhunger ist die Gefahr noch größer. Dann wird nicht nur ein bisschen geknabbert, sondern das ganze Lager geplündert. Wer von sich selbst weiß, dass er anfällig dafür ist, tritt ohne Vorräte im Haus zum Kurzzeit-Abnehmen an.

Einkaufen mit Strategie

Viel einkaufen, Mengenrabatte nutzen, keine überflüssigen Wege machen – es ist zwar ökonomisch, im Supermarkt möglichst viel in den Einkaufswagen zu packen, aber beim Abnehmen nicht gerade förderlich. Kaufen Sie für die 24STUNDEN**DIÄT** und die Zeit drumherum nur ein, was Sie brauchen – und zwar mit Strategie und genau nach Liste. Das muss genug zum Sattwerden sein, darf aber nicht zum Mehr-Essen verführen. Wenn die Entfernung es zulässt, kaufen Sie zu Fuß statt mit dem Auto ein. Das hemmt die Kauflust.

Teamplayer statt Einzelkämpfer

Suchen Sie sich einen oder mehrere Gleichgesinnte (Partner, Freunde oder Kollegen), um zusammen die 24STUNDEN**DIÄT** zu absolvieren – entweder in regelmäßigen festen Abständen oder zumindest ab und zu. Zusammen Sport treiben, gemeinsam einkaufen und kochen – das lässt einen leichter durchhalten und sorgt zugleich für Spaß. Außerdem kann man sich so auch den Kauf von etwas teureren Lebensmitteln wie manchen Superfoods (siehe S. 25) untereinander aufteilen.

Tipp für Leistungssportler

Bei manchen Sportarten – wie zum Beispiel Judo, Boxen oder Ringen – kommt es vor dem Wettkampf auf jedes Gramm an, weil die Sportler in Gewichtsklassen eingeteilt werden. Um in der optimalen Klasse antreten zu dürfen, ist es üblich, dass die Athleten ihr Gewicht vorher manipulieren und kurzfristig senken, indem sie wenig trinken, in der Sauna viel Flüssigkeit abschwitzen oder sogar in Schwitzanzügen joggen. Die Folge dieser Gewichtsmanipulation ist ein hoher Elektrolytverlust, der anschließend im Wettkampf zu Krämpfen und zum Leistungseinbruch führen kann – mit dem Schweiß schwinden somit nicht selten auch die Siegeschancen. Mit der 24STUNDEN**DIÄT** nehmen Sie ab – ohne hohen Kraft-, Muskel- und Elektrolytverlust. Allerdings gilt dies nicht für Ausdauersportler (zum Beispiel Radrennfahrer und Marathonläufer), die auf eine gute Kohlenhydratversorgung und -bevorratung vor einem Wettkampf angewiesen sind.

!

WANN BESSER **KEINE DIÄT?**

Bitte machen Sie die 24STUNDEN**DIÄT** nicht, wenn Sie einen Body-Mass-Index unter 19 oder über 30 haben, also wenn Sie stark unter- oder übergewichtig sind. Auch während der Schwangerschaft und in der Stillzeit oder wenn Sie körperlich angeschlagen sind, sollten Sie darauf verzichten. Wer unter chronischer Niereninsuffizienz, Leberfunktionsstörungen, Diabetes oder Herz-Kreislauf-Erkrankungen leidet, sollte die 24STUNDEN**DIÄT** ebenfalls nicht anwenden. Auch für Kinder und Jugendliche ist sie ungeeignet. Um optimal Gewicht zu verlieren, müssen Sie gesund und zumindest ein bisschen sportlich sein. Im Zweifelsfall konsultieren Sie erst Ihren Arzt.

Frühstück

Fit in den Tag

Das Frühstück sollte man keinesfalls ausfallen lassen, vor allem nicht nach intensivem Sport am Vorabend. Denn jetzt braucht der Körper wieder dringend Nährstoffe. Bei diesen Muntermacher-Rezepten ist für jeden etwas dabei – für den süßen und den herzhaften Frühstückstyp.

Apfelquark mit Nuss-Topping

vegetarisch

ZUTATEN/PERSON:

- 50 g **Mandel-** oder **Haselnussblättchen**
- 1 TL **helle Sesamsamen**
- ¼ **Apfel**
- 150 g **Magerquark**
- 2 EL **Mineralwasser** (mit Kohlensäure)

Zubereitungszeit ca. 15 Minuten
Eiweiß 23 g • **Fett** 19 g • **Kohlenhydrate** 14 g
Brennwert ca. 320 kcal

ZUBEREITUNG:

1. Die Mandel- oder Haselnussblättchen mit den Sesamsamen in einer beschichteten Pfanne ohne Fett rösten, bis sie duften. Herausnehmen und etwas abkühlen lassen.
2. Den Apfel waschen, entkernen und grob raspeln. Den Quark mit dem Mineralwasser in einer Müslischale glatt rühren. Die Apfelraspel untermischen und den Nuss-Mix über das Müsli streuen (im Foto vorne).

Fruchtige Kokos-Quarkcreme

vegetarisch

ZUTATEN/PERSON:

- 250 g **Speisequark** (20 % Fett)
- 2 EL **Kokosmilch** (light)
- 1 TL **Kokosmehl**
- 25 g **Himbeeren**
- 4–5 **Kokoschips**

Zubereitungszeit ca. 10 Minuten
Eiweiß 28 g • **Fett** 13 g • **Kohlenhydrate** 12 g
Brennwert ca. 280 kcal

ZUBEREITUNG:

1. Den Quark mit der Kokosmilch und dem Kokosmehl glatt rühren und in eine Schale füllen. Die Himbeeren waschen, trocken tupfen und auf der Quarkcreme anrichten.
2. Die Kokoschips in einer beschichteten Pfanne ohne Fett leicht anrösten. Herausnehmen, etwas abkühlen lassen und die Quarkcreme damit bestreuen.

SUPERPULVER

Kokosmehl ist fettarm und reichert den Quark mit sättigenden Ballaststoffen an. Da es stark aufquillt, macht es den Quark zusätzlich etwas cremiger und verleiht ihm ein leichtes Kokosaroma. Sie finden das Mehl in Bioläden und Reformhäusern.

Chiapudding mit Orange

vegetarisch

ZUTATEN/PERSON:

- 2 EL **Chiasamen** (ersatzweise **Leinsamen**)
- 100 ml **Milch** (1,5 % Fett)
- 1 TL ungesüßtes **Kakaopulver**
- ¼ TL **Zimtpulver**
- ½ kleine **Orange**
- 100 g **Magerquark**
- 1 TL geröstete **Mandelblättchen**
- **Zimtpulver** zum Bestreuen

Zubereitungszeit ca. 15 Minuten (+ mind. 2 Std. Einweichzeit)
Eiweiß 22 g • **Fett** 12 g • **Kohlenhydrate** 13 g
Brennwert ca. 260 kcal

ZUBEREITUNG:

1. Chiasamen mit Milch, 25 ml Wasser, Kakao und Zimt in einer Schale mischen. Zugedeckt mindestens 2 Stunden kühl stellen, damit die Samen aufquellen. Nach etwa 20 Minuten durchrühren, damit sie sich gut in der Flüssigkeit verteilen.
2. Die Orange so großzügig schälen, dass auch die weiße Haut mitentfernt wird. Die Filets zwischen den Trennhäuten herausschneiden, dabei den Saft auffangen.
3. Den Saft unter den Chiapudding rühren. Die Orangenfilets und den glatt gerührten Quark darauf anrichten, mit Mandelblättchen und Zimt bestreuen.

Power-**Frühstücks-Shake**

vegan

ZUTATEN/PERSON:

- 50 g gemischte **Beeren** (frisch oder tiefgekühlt; z. B. Erdbeeren, Himbeeren und Heidelbeeren)
- 150 g **Seidentofu**
- 100 ml ungesüßter **Sojadrink**
- 2 TL **helles Mandelmus** (10 g)
- 1 TL **Weizenkeime**
- 1 Spritzer **Agavendicksaft** (oder 1 Spritzer flüssiger **Honig**)

Zubereitungszeit ca. 10 Minuten
Eiweiß 17 g • **Fett** 17 g • **Kohlenhydrate** 10 g
Brennwert ca. 260 kcal

ZUBEREITUNG:

1. Die Beeren je nach Sorte waschen und putzen bzw. verlesen, tiefgekühlte Beeren auftauen lassen. Den Seidentofu mit Sojadrink, Mandelmus und Beeren in einen hohen Rührbecher geben und mit dem Stabmixer fein pürieren.
2. Den Shake in ein hohes Glas geben und die Weizenkeime unterrühren. Mit dem Agavendicksaft süßen.

Kokos-Crêpe mit Erdbeeren

vegetarisch

Zubereitungszeit ca. 20 Minuten
Eiweiß 23 g • **Fett** 17 g • **Kohlenhydrate** 10 g
Brennwert ca. 290 kcal

ZUTATEN/PERSON:

- 1 **Ei** (Größe M)
- 3 EL **Kokosmilch** (light)
- 1 geh. TL **Kokosmehl** (ca. 7 g)
- ½ TL **Maisstärke**
- **Salz**
- 50 g **Erdbeeren**
- 100 g körniger **Frischkäse** (0,8 % Fett)
- 1 Spritzer flüssiger **Honig**
- ½ TL natürlicher **Vanilleextrakt** (oder Mark von ½ **Vanilleschote**)
- 1 TL **Öl**

ZUBEREITUNG:

1. Für den Crêpeteig Ei mit Kokosmilch, Kokosmehl, Stärke und 1 Prise Salz verquirlen. Kurz ruhen lassen, damit das Kokosmehl und die Stärke aufquellen können.
2. Inzwischen die Erdbeeren waschen, putzen und je nach Größe halbieren oder vierteln. Den körnigen Frischkäse mit dem Honig und der Vanille verrühren.
3. Das Öl in einer beschichteten Pfanne erhitzen. Den Teig nochmals durchrühren, in die Pfanne gießen und durch Schwenken der Pfanne dünn verteilen. Die Crêpe bei mittlerer Hitze 3 bis 4 Minuten braten, dann vorsichtig mit einem breiten Pfannenwender wenden und weitere 2 bis 3 Minuten braten.
4. Die Crêpe auf einen Teller gleiten lassen. Auf eine Hälfte den Frischkäse geben, mit den Erdbeeren bestreuen und die andere Hälfte darüberklappen.

Beerenomelett mit Ricottacreme

vegetarisch

ZUTATEN/PERSON:

- 50 g gemischte **Beeren** (frisch oder tiefgekühlt; z. B. Himbeeren, Heidelbeeren und Erdbeeren)
- 1 **Ei** (Größe M)
- **Salz**
- 1 EL **Milch** (1,5 % Fett)
- 1 EL **Mandelmehl**
- 1 TL **Öl**
- 1 Stiel **Minze**
- 50 g **Ricotta** (italienischer Frischkäse)
- 50 g **Magerquark**
- ½ TL abgeriebene unbehandelte **Zitronenschale**
- 1–2 TL **Zitronensaft**
- 1 Spritzer flüssiger **Honig**

Zubereitungszeit ca. 20 Minuten
Eiweiß 21 g • **Fett** 18 g • **Kohlenhydrate** 8 g
Brennwert ca. 300 kcal

ZUBEREITUNG:

1. Die Beeren je nach Sorte waschen und putzen bzw. verlesen, tiefgekühlte Beeren auftauen lassen. Das Ei trennen. Das Eiweiß mit 1 Prise Salz steif schlagen. Das Eigelb, die Milch und das Mandelmehl verquirlen. Den Eischnee unter die Eigelbmischung heben.

2. Das Öl in einer kleinen beschichteten Pfanne erhitzen. Die Omelettmasse hineingeben, etwas glatt streichen und mit den Beeren belegen. Zugedeckt bei mittlerer Hitze 5 bis 6 Minuten garen, bis das Omelett an der Oberfläche gestockt ist.

3. Die Minze waschen, trocken tupfen und die Blätter, bis auf einige zum Garnieren, in feine Streifen schneiden. Den Ricotta mit Quark, Zitronenschale und -saft, Honig und Minze glatt rühren. Die Creme mit der restlichen Minze garnieren und mit dem Omelett anrichten.

Griechisches **Rührei mit Feta**

vegetarisch

ZUTATEN/PERSON:

- 2 **Eier** (Größe M)
- 2 EL **Milch** (1,5 % Fett)
- **Salz** und **Pfeffer**
- ½ TL getrockneter **Oregano**
- 1 TL **Olivenöl**
- 10 g **schwarze Oliven** (ohne Stein)
- 150 g **Cocktailtomaten**
- 20 g leichter **Fetakäse** (9 % Fett)

Zubereitungszeit ca. 15 Minuten
Eiweiß 21 g • **Fett** 22 g • **Kohlenhydrate** 5 g
Brennwert ca. 310 kcal

ZUBEREITUNG:

1. Die Eier mit der Milch verquirlen. Mit Salz, Pfeffer und Oregano würzen. Das Olivenöl in einer kleinen beschichteten Pfanne erhitzen.
2. Die Eiermischung hineingeben, mit einem Pfannenwender zusammenschieben und bei mittlerer Hitze etwa 5 Minuten zu einem Rührei braten.
3. Die Oliven je nach Größe halbieren oder vierteln. Die Tomaten waschen und halbieren. Das Rührei auf einen Teller geben, die Oliven und die Tomaten darauf anrichten und den Feta darüberbröseln.

GRÜNE **POWER**

Frische Kräuter wie Basilikum, Oregano oder Thymian verleihen dem Rührei den extra Aromakick.

Eiweißbrot mit **Frischkäse-Tatar**

vegetarisch

Zubereitungszeit ca. 15 Minuten
Eiweiß 30 g • **Fett** 8 g • **Kohlenhydrate** 10 g
Brennwert ca. 240 kcal

ZUBEREITUNG:

1 Die Radieschen putzen, waschen und in kleine Würfel schneiden. Die Gurken abtropfen lassen und ebenfalls in kleine Würfel schneiden. Den Dill waschen, trocken tupfen, die Spitzen abzupfen und fein hacken.

2 Alle vorbereiteten Zutaten mit dem Olivenöl unter den körnigen Frischkäse rühren. Das Frischkäse-Tatar mit Salz und Pfeffer würzen. Das Brot nach Belieben leicht toasten, das Frischkäse-Tatar daraufstreichen bzw. dazu essen.

ZUTATEN/PERSON:

- 4 **Radieschen**
- 2 kleine **Gewürzgurken**
- 3 Stiele **Dill**
- 1 TL **Olivenöl**
- 150 g körniger **Frischkäse** (0,8 % Fett)
- **Salz** und **Pfeffer**
- 1 dünne Scheibe **Eiweißbrot** (ca. 30 g; siehe Rezept unten)

GEWUSST WIE

Das Brot hält sich in Alufolie gewickelt etwa 3 Tage frisch. Sie können es auch scheibenweise einfrieren und portionsweise im Toaster auftauen.

Eiweißbrot

Zubereitungszeit ca. 15 Minuten (+ 55 Minuten Backzeit)
Eiweiß 9 g • **Fett** 2 g • **Kohlenhydrate** 5 g
Brennwert ca. 80 kcal (pro Scheibe à ca. 30 g)

ZUBEREITUNG:

1 Den Backofen auf 175 °C vorheizen. Die Haferkleie mit dem Sojamehl, dem Leinsamen, dem Vollkornmehl, dem Backpulver, Salz und dem Brotgewürz in einer Rührschüssel mischen. Den Quark mit den Eiweißen in einer zweiten Schüssel verquirlen. Zu den trockenen Zutaten geben und rasch unterkneten. Die Masse in eine gefettete und mit Haferkleie ausgestreute Kastenform (etwa 25 cm Länge) füllen. Die Oberfläche mit Leinsamen bestreuen. Im Ofen auf der mittleren Schiene etwa 55 Minuten backen.

2 Das Brot aus dem Ofen nehmen und etwa 10 Minuten in der Form ruhen lassen. Dann vorsichtig aus der Form stürzen und auf einem Kuchengitter auskühlen lassen.

ZUTATEN/
CA. 16 SCHEIBEN:

- 75 g **Haferkleie**
- 75 g **Sojamehl**
- 50 g geschroteter **Leinsamen**
- 2 EL **Vollkornmehl**
- 1 Päckchen **Backpulver**
- je 1 TL **Salz** und **Brotgewürz**
- 300 g **Magerquark**
- 8 **Eiweiß**
- 2 EL **Leinsamen**
- **Fett** und **Haferkleie** für die Form

Roastbeef-Röllchen
mit Avocado-Ei-Salat

ZUTATEN/PERSON:

- 1 **Ei** (Größe S)
- 30 g **Babyspinat**
- ¼ reife **Avocado**
- 1 TL **Zitronensaft**
- ½ TL mittelscharfer **Senf**
- **Salz** und **Pfeffer**
- ¼ Bund **Schnittlauch**
- 4 dünne Scheiben **Roastbeef-Aufschnitt** (50 g)

Zubereitungszeit ca. 20 Minuten
Eiweiß 20 g • **Fett** 21 g • **Kohlenhydrate** 1 g
Brennwert ca. 270 kcal

ZUBEREITUNG:

1. Das Ei etwa 8 Minuten hart kochen, kalt abschrecken und abkühlen lassen. Inzwischen den Spinat verlesen, waschen, trocken schütteln und klein hacken. Das Avocadofruchtfleisch aus der Schale lösen, sofort mit dem Zitronensaft beträufeln und mit einer Gabel zerdrücken.

2. Das Ei pellen. Das Eigelb herauslösen und mit dem Senf zur Avocado geben. Beides mit der Gabel untermischen. Mit Salz und Pfeffer würzen. Das Eiweiß in feine Würfel schneiden und mit dem Spinat unter die Avocadocreme rühren. Den Schnittlauch waschen, trocken schütteln und in feine Röllchen schneiden.

3. Den Roastbeef-Aufschnitt ausbreiten und mit je ¼ des Avocado-Ei-Salats bestreichen, dabei rundum etwas Rand frei lassen. Die Aufschnittscheiben aufrollen und mit den Schnittlauchröllchen bestreuen.

vegetarisch

Räuchertofu-Schnitte

ZUTATEN/PERSON:

- 30 g eingelegte gegrillte **Paprikaschoten** (aus dem Glas)
- 40 g **Frischkäse** (12 % Fett)
- 1 TL **Ajvar** (pikante Paprikapaste)
- **Salz** und **Pfeffer**
- 4 Stangen **Staudensellerie** (ca. 50 g)
- 50 g **Räuchertofu**
- 1 dünne Scheibe **Eiweißbrot** (ca. 30 g; Rezept siehe S. 47)

Zubereitungszeit ca. 15 Minuten
Eiweiß 22 g • **Fett** 14 g • **Kohlenhydrate** 10 g
Brennwert ca. 260 kcal

ZUBEREITUNG:

1. Die Paprikaschoten abtropfen lassen und in grobe Würfel schneiden. Paprika, Frischkäse und Ajvar in einen hohen Rührbecher geben und mit dem Stabmixer fein pürieren. Mit Salz und Pfeffer würzen.
2. Den Staudensellerie putzen, waschen und in etwa 5 cm lange Streifen schneiden. Den Tofu in Scheiben schneiden.
3. Das Brot nach Belieben leicht toasten, mit etwas Paprikapaste bestreichen und mit dem Tofu belegen. Die Selleriestreifen mit der restlichen Paprikapaste als Dip dazu essen.

GEWUSST WIE

Bereiten Sie gleich etwas mehr von der Paprikapaste zu. Verschlossen hält sie sich im Kühlschrank bis zu 5 Tage.

Puten-**Carpaccio**

Zubereitungszeit ca. 15 Minuten
Eiweiß 34 g • **Fett** 14 g • **Kohlenhydrate** 13 g
Brennwert ca. 310 kcal

ZUTATEN/PERSON:

- 100 g **Salatgurke**
- 1 kleine **rote Paprikaschote**
- 1 **Frühlingszwiebel**
- 2 TL **Öl**
- 2 TL süßsaure **Chilisauce**
- 1–2 TL **Limettensaft**
- **Salz** und **Pfeffer**
- 150 g hauchdünner **Putenbrust-Aufschnitt**

ZUBEREITUNG:

1. Die Gurke schälen, vierteln, entkernen und in sehr kleine Würfel schneiden. Die Paprikaschote längs halbieren, entkernen, waschen und ebenfalls in kleine Würfel schneiden. Die Frühlingszwiebel putzen, waschen und in feine Ringe schneiden.

2. Das vorbereitete Gemüse mit Öl, Chilisauce und Limettensaft mischen und mit Salz und Pfeffer würzen. Den Putenbrust-Aufschnitt auf einem Teller ausbreiten und die Gemüsemischung gleichmäßig darauf verteilen.

Mittagessen

Leicht, raffiniert und lecker

Auf den folgenden Seiten finden Sie eine große Auswahl an schnell gemachten und zugleich ordentlich satt machenden Mittagsgerichten. Und wenn es mal besonders fix gehen soll? Dann mixen Sie sich doch einfach unseren Supershake von Seite 54!

Melonen-Feta-Salat mit Sojakernen

vegetarisch

ZUTATEN/PERSON:

- 50 g **Rucola**
- 150 g **Wassermelone**
- 100 g leichter **Fetakäse** (9 % Fett)
- 1 TL **Weißweinessig**
- 1 TL **Olivenöl**
- **Pfeffer**
- 3 Stiele **Basilikum**
- 20 g geröstete **Sojakerne**

Zubereitungszeit ca. 10 Minuten
Eiweiß 32 g • **Fett** 22 g • **Kohlenhydrate** 9 g
Brennwert ca. 370 kcal

ZUBEREITUNG:

1. Den Rucola verlesen, waschen und trocken schleudern, grobe Stiele entfernen. Wassermelone in Spalten schneiden, schälen, ggf. entkernen und in 1 cm große Würfel schneiden. Den Feta mit den Händen grob zerkrümeln.
2. Rucola, Wassermelone und Feta in eine Schüssel geben, Essig und Olivenöl hinzufügen und alles durchmischen. Mit Pfeffer würzen und auf einem Teller anrichten.
3. Das Basilikum waschen, trocken tupfen und die Blätter grob zupfen. Den Salat mit Basilikum und Sojakernen bestreuen.

DER SUPER-SHAKE

Pikanter Diät-Shake

vegetarisch

ZUTATEN/PERSON:

- 1 **rote Paprikaschote**
- 2 Stiele **Petersilie**
- 200 g körniger **Frischkäse** (0,8 % Fett)
- 150 ml **Milch** (1,5 % Fett)
- 1 TL **Olivenöl**
- je ½ TL **Paprikapulver** (edelsüß und rosenscharf)
- **Salz** und **Pfeffer**
- 1 Spritzer **Zitronensaft**

Zubereitungszeit ca. 10 Minuten
Eiweiß 10 g • **Fett** 14 g • **Kohlenhydrate** 14 g
Brennwert ca. 280 kcal

ZUBEREITUNG:

1. Die Paprika halbieren, entkernen, waschen und in grobe Stücke schneiden. Petersilie waschen, trocken tupfen und die Blätter, bis auf eine Spitze zum Garnieren, abzupfen.
2. Paprika und Petersilie mit dem körnigen Frischkäse, der Milch, 150 ml Wasser und dem Olivenöl mit dem Stabmixer oder im Küchenmixer feincremig pürieren.
3. Den Shake mit Paprikapulver, Salz, Pfeffer und Zitronensaft pikant abschmecken und in ein Glas füllen. Mit der übrigen Petersilie garnieren und langsam genießen.

SUPER, FALLS MAL DIE ZEIT ZUM KOCHEN FEHLT!

Zucchinisalat mit Quarkbällchen

vegetarisch

ZUTATEN/PERSON:

- 200 g **Magerquark**
- 200 g **grüne** und **gelbe Zucchini**
- ½ **rote Peperoni**
- 8 Blätter **Minze**
- 1 EL **Zitronensaft**
- 1 TL **Rapsöl**
- **Salz** und **Pfeffer**
- 2 EL **Schnittlauchröllchen**
- 15 g **Leinsamen**

Zubereitungszeit ca. 20 Minuten (+ Abtropfzeit über Nacht)
Eiweiß 34 g • **Fett** 11 g • **Kohlenhydrate** 10 g
Brennwert ca. 300 kcal

ZUBEREITUNG:

1. Am Vorabend den Quark zum Abtropfen in ein Sieb geben und dieses über eine Schüssel hängen. Die Schüssel über Nacht in den Kühlschrank stellen.
2. Am nächsten Tag die Zucchini putzen, waschen und mit dem Sparschäler rundum in Streifen abschälen. Die Peperoni entkernen, waschen und fein hacken. Die Minze waschen und trocken tupfen. Vier Blätter fein hacken und mit Peperoni, Zitronensaft und Rapsöl verrühren. Mit Salz und Pfeffer würzen und die Zucchinistreifen damit marinieren.
3. Den abgetropften Quark mit dem Schnittlauch verrühren und mit Salz und Pfeffer würzen. Zu kleinen Kugeln formen und in Leinsamen wälzen. Auf den Zucchinistreifen anrichten und mit der restlichen Minze bestreuen.

Pochiertes Ei mit Mangold und Garnelen

Zubereitungszeit ca. 20 Minuten
Eiweiß 28 g • **Fett** 9 g • **Kohlenhydrate** 12 g
Brennwert ca. 250 kcal

ZUBEREITUNG:

1. In einem kleinen Topf 600 bis 800 ml Wasser und den Essig aufkochen. Das Ei in eine Tasse schlagen und dann in das leicht siedende Essigwasser gleiten lassen, dabei vorsichtig das Eiweiß mit zwei Löffeln über das Eigelb ziehen. Dann den Topf vom Herd ziehen und das Ei zugedeckt 5 Minuten pochieren lassen. Mit dem Schaumlöffel herausheben, kurz in eine Schüssel mit kaltem Wasser geben, dann herausnehmen und abtropfen lassen.

2. Den Mangold putzen, waschen und in 2 EL Brühe 3 bis 4 Minuten dünsten. Mit Salz, Pfeffer und Chiliflakes würzen. Die Garnelen in der restlichen Brühe erwärmen und mit Salz, Pfeffer, Chiliflakes und Zitronenschale würzen.

3. Den Dill waschen und trocken tupfen, die Spitzen abzupfen und bis auf einige Spitzen fein hacken. Den Frischkäse, den gehackten Dill und den Meerrettich verrühren und die Reiswaffel damit bestreichen. Den Mangold und die Garnelen daraufgeben. Das Ei daraufsetzen, mit Salz würzen und mit dem restlichen Dill bestreuen.

ZUTATEN/PERSON:

- 4 EL **Weißweinessig**
- 1 frisches **Ei** (Größe L)
- 150 g **Mangold**
- 4 EL **Gemüsebrühe**
- **Salz** und **Pfeffer**
- **Chiliflakes**
- 100 g **Eismeergarnelen** (vorgegart und geschält)
- 1 Msp. abgeriebene unbehandelte **Zitronenschale**
- 3 Stiele **Dill**
- 20 g **Frischkäse** (0,2 % Fett)
- ½ TL **Meerrettich** (aus dem Glas)
- 1 **Reiswaffel mit Meersalz** (10 g)

GEBALLTE EIWEISSPOWER

Kabeljau mit Fenchel-Orangen-Salat

Zubereitungszeit ca. 25 Minuten
Eiweiß 37 g • **Fett** 12 g • **Kohlenhydrate** 17 g
Brennwert ca. 350 kcal

ZUTATEN/PERSON:

- 150 g **Kabeljaurücken**
- 1 unbehandelte **Orange**
- **Salz** und **Pfeffer**
- **Currypulver**
- ½ TL gehackter **Estragon**
- 2 TL **Olivenöl**
- 1 **Fenchelknolle** (200 g; mit Grün)
- 10 g geröstete **Hanfsamen** (oder geröstete **Sojakerne**)

ZUBEREITUNG:

1. Den Backofen auf 100 °C vorheizen und ein Ofengitter auf die mittlere Schiene schieben. Kabeljau waschen und trocken tupfen. Orange heiß waschen und trocken reiben. ½ TL Schale fein abreiben, dann die Orange so großzügig schälen, dass die weiße Haut mitentfernt wird. Filets zwischen den Trennhäuten herausschneiden, dabei den Saft auffangen. Die Orangenschalen ebenfalls gut ausdrücken und den Saft auffangen.

2. Den Fisch mit Salz, Pfeffer, Currypulver und Orangenschale würzen. Mit Estragon bestreuen, auf einen Teller geben, mit Frischhaltefolie bedecken und im Ofen 20 Minuten garen.

3. Den Orangensaft mit Olivenöl, Salz, Pfeffer und etwas Currypulver verrühren. Den Fenchel putzen, waschen und halbieren, den harten Strunk entfernen. Den Fenchel in feine Scheiben schneiden und das Fenchelgrün fein hacken.

4. Orangenfilets, Fenchel und Fenchelgrün mit der Marinade mischen und mit dem Fisch anrichten. Mit den Hanfsamen bestreuen.

Matjestatar
mit Gurken und Dill

Zubereitungszeit ca. 12 Minuten
Eiweiß 21 g • **Fett** 29 g • **Kohlenhydrate** 5 g
Brennwert ca. 390 kcal

ZUTATEN/PERSON:

- 100 g **Matjesfilet** (ersatzweise **Bismarckhering**)
- 50 g **Gewürzgurken**
- **Salz** und **Pfeffer**
- ½ TL abgeriebene unbehandelte **Zitronenschale**
- 25 g **Sauerrahm** (18 % Fett)
- 2 EL **Gemüsebrühe**
- 1 TL **Zitronensaft**
- ½ **Kopfsalat**
- 2–3 **Radieschen**
- 4 Stiele **Dill**
- 5 g geröstete **Sojakerne**

ZUBEREITUNG:

1. Das Matjesfilet waschen, trocken tupfen und ebenso wie die Gurken in feine Würfel schneiden. In eine Schüssel geben und mit wenig Salz, Pfeffer und der Zitronenschale würzen.

2. Den Sauerrahm, die Brühe und den Zitronensaft verrühren. Vom Kopfsalat die äußeren Blätter entfernen. Salat in die einzelnen Blätter teilen, waschen und trocken schleudern. Die Blätter grob zerzupfen und auf einem Teller verteilen. Das Matjestatar daraufgeben und mit dem Sauerrahm beträufeln.

3. Die Radieschen putzen, waschen, in feine Scheiben schneiden und darüber verteilen. Den Dill waschen und trocken tupfen, die Spitzen abzupfen und grob hacken. Das Tatar mit dem Dill und den Sojakernen bestreuen.

GEWUSST WIE

Statt Sauerrahm können Sie auch fettreduzierten Frischkäse (0,2 % Fett) verwenden.

Asia-Salat
mit Hühnerbrust

ZUTATEN/PERSON:

- 150 g **Hähnchenbrustfilet**
- 1 Stängel **Zitronengras**
- ¼ l **Hühnerbrühe**
- 100 g **Staudensellerie**
- 100 g **Salatgurke**
- ½ TL geriebener **Ingwer**
- ¼ gehackte **rote Chilischote**
- 1 Msp. abgeriebene unbehandelte **Limettenschale**
- 1 EL **Limettensaft**
- 1 EL **Sojasauce**
- 1 EL **Sesamöl**
- 1–2 EL gehackte **Kräuter** (Koriander, Minze oder Thaibasilikum)
- 1 **Mini-Romanasalat** (75 g)

Zubereitungszeit ca. 15 Minuten
Eiweiß 37 g • **Fett** 13 g • **Kohlenhydrate** 6 g
Brennwert ca. 290 kcal

ZUBEREITUNG:

1. Das Hähnchenbrustfilet waschen und trocken tupfen. Vom Zitronengras die äußeren Blätter und die obere trockene Hälfte entfernen. Das Zitronengras waschen, grob hacken und mit der Brühe aufkochen.
2. Die Hähnchenbrust dazugeben und zugedeckt bei schwacher Hitze 4 bis 5 Minuten garen. Vom Herd nehmen und in der Brühe 5 Minuten ziehen lassen.
3. Den Staudensellerie putzen, waschen und in feine Würfel schneiden. Die Gurke waschen oder nach Belieben schälen und ebenfalls in feine Würfel schneiden.
4. Die Hähnchenbrust aus der Brühe nehmen und mit einem großen Messer fein hacken. Das Gemüse untermischen. Mit Ingwer, Chili, Limettenschale und -saft, Sojasauce und Sesamöl abschmecken. Die gehackten Kräuter hinzufügen.
5. Den Romanasalat in die einzelnen Blätter teilen, waschen und trocken schleudern, Blätter auf einem Teller verteilen. Den Asia-Salat darauf anrichten.

Harzer Käse mit Gewürzgurken

vegetarisch

Zubereitungszeit ca. 10 Minuten
Eiweiß 39 g • **Fett** 11 g • **Kohlenhydrate** 5 g
Brennwert ca. 280 kcal

ZUTATEN/PERSON:

- 100 g **Kopfsalat**
- 125 g **Harzer Käse** (10 % Fett)
- 25 g **rote Zwiebel**
- 50 g **Gewürzgurken**
- 1 EL **Gewürzgurkensud**
- 1 EL **Sonnenblumenöl**
- 1 EL **Schnittlauchröllchen**
- **Salz** und **Pfeffer**
- **Chiliflakes**

ZUBEREITUNG:

1. Vom Kopfsalat die äußeren Blätter entfernen. Salat in die einzelnen Blätter teilen, waschen, trocken schleudern und in mundgerechte Stücke zupfen. Käse in 1 cm große Würfel schneiden. Die Zwiebel schälen und in feine Ringe schneiden. Die Gewürzgurken in dünne Scheiben schneiden.
2. Gewürzgurkensud, Öl und Schnittlauch verquirlen. Mit Salz, Pfeffer und Chiliflakes würzen. Kopfsalat, Käse, Zwiebel und Gurken mit der Marinade in einer Schüssel gut mischen.

Lauchsuppe mit Krabben und Ei

Zubereitungszeit ca. 20 Minuten
Eiweiß 33 g • **Fett** 8 g • **Kohlenhydrate** 7 g
Brennwert ca. 250 kcal

ZUTATEN/PERSON:

- 150 g **Lauch**
- 375 ml **Gemüsebrühe**
- 60 g **Frischkäse** (0,2 % Fett)
- **Salz** und **Pfeffer**
- ½ TL abgeriebene unbehandelte **Zitronenschale**
- 1 **Ei** (Größe M)
- 100 g **Nordseekrabbenfleisch** (vorgegart)
- 1 EL grob zerzupfte **Kräuter** (z. B. Basilikum, Estragon oder Petersilie)
- **Chiliflakes**

ZUBEREITUNG:

1. Den Lauch putzen, waschen und in feine Ringe schneiden. In der Brühe zugedeckt 10 bis 15 Minuten köcheln lassen, dann mit dem Stabmixer fein pürieren. Frischkäse unterrühren und mit Salz, Pfeffer und Zitronenschale würzen.
2. Das Ei in kochendem Wasser 4 ½ Minuten weich garen. Kalt abschrecken und vorsichtig pellen.
3. Die Krabben kurz in der Suppe erwärmen und die Suppe mit dem Ei in einem tiefen Teller anrichten. Mit den Kräutern und Chiliflakes bestreuen.

Kalte Gurkensuppe
mit Tandoori-Lachs

ZUTATEN/PERSON:

- 100 g **Lachsfilet** (ohne Haut)
- ¼ TL **Tandoori-Paste**
- 200 g **Salatgurke**
- 2–3 EL **Gemüsebrühe**
- 20 g **Chiasamen**
- **Salz** und **Pfeffer**
- ½ TL **Zitronensaft**
- 1 TL gehackter **Dill**
- 30 g **Naturjoghurt** (0,1 % Fett)
- **Chiliflakes**
- 1 Msp. abgeriebene unbehandelte **Zitronenschale**
- 1 Msp. gemahlener **Kreuzkümmel**

Zubereitungszeit ca. 30 Minuten
Eiweiß 27 g • **Fett** 20 g • **Kohlenhydrate** 6 g
Brennwert ca. 330 kcal

ZUBEREITUNG:

1. Den Backofen auf 100 °C vorheizen und ein Ofengitter auf die mittlere Schiene schieben. Das Lachsfilet waschen und trocken tupfen. Die Tandoori-Paste mit 1 EL Wasser glatt rühren und das Fischfilet damit bestreichen. Den Lachs auf einen Teller legen, mit Frischhaltefolie bedecken und im Ofen 15 bis 20 Minuten garen.
2. Die Gurke schälen, längs halbieren und die Kerne mit einem Teelöffel entfernen. 50 g Gurke in kleine Würfel schneiden. Die restliche Gurke mit der Brühe pürieren. Die Chiasamen untermischen und 20 Minuten quellen lassen.
3. Die Suppe mit Salz, Pfeffer und Zitronensaft würzen. Den Dill unterrühren. Sollte die Suppe zu dick sein, mit etwas Gemüsebrühe verdünnen.
4. Den Joghurt mit Salz, Pfeffer, Chiliflakes, Zitronenschale und Kreuzkümmel würzen. Suppe in einen tiefen Teller geben, Tandoori-Lachs und restliche Gurkenwürfel darin anrichten und mit dem Joghurt garnieren.

Virgin Mary
mit Garnelen

ZUTATEN/PERSON:

- 175 g **Eismeergarnelen** (vorgegart und geschält)
- 50 g **Naturjoghurt** (0,1 % Fett)
- ½ TL **Meerrettich** (aus dem Glas)
- **Selleriesalz** (ersatzweise **Kräutersalz**)
- 100 ml **Tomatensaft**
- 50 ml **Gemüsebrühe**
- 1 TL **Öl**
- **Tabasco**
- 1 Msp. abgeriebene unbehandelte **Zitronenschale**
- 1 TL **Zitronensaft**
- **Salz** und **Pfeffer**
- 50 g **Staudensellerie**
- 50 g **Salatgurke**
- einige **Basilikumblätter**

Zubereitungszeit ca. 10 Minuten
Eiweiß 36 g • **Fett** 9 g • **Kohlenhydrate** 10 g
Brennwert ca. 290 kcal

ZUBEREITUNG:

1. Die Garnelen in ein großes Glas geben. Den Joghurt mit Meerrettich und Selleriesalz würzen und über die Garnelen geben.
2. Den Tomatensaft mit der Brühe und dem Öl verrühren. Mit Tabasco, Zitronenschale, Zitronensaft, Salz und Pfeffer würzen. Den Tomatensaft langsam über den Joghurt laufen lassen.
3. Den Sellerie putzen, waschen und in lange Stifte schneiden. Die Gurke waschen und ebenfalls in lange Stifte schneiden. Die Basilikumblätter waschen und trocken tupfen. Die Gemüsestifte und das Basilikum in dem Glas anrichten.

!

ROT IST **TRUMPF**

Tomatensaft enthält wie Tomaten selbst und alle daraus hergestellten Produkte den Biovitalstoff Lycopin, eine wahre natürliche Wunderwaffe: Dieser Stoff hat eine starke antioxidative Zellschutzwirkung und schützt somit vor freien Radikalen. Also, ruhig mal öfter zu Tomaten(saft) greifen.

Muscheltopf
mit Basilikumsalz

Zubereitungszeit ca. 10 Minuten
Eiweiß 26 g • **Fett** 13 g • **Kohlenhydrate** 14 g
Brennwert ca. 300 kcal

ZUBEREITUNG:

1. Die Muscheln gründlich waschen und die geöffneten Exemplare entfernen. Den Fenchel putzen, waschen und in feine Würfel schneiden. Den Knoblauch schälen und ebenfalls in feine Würfel schneiden.
2. Die Brühe mit Fenchel, Knoblauch, Thymian und Lorbeerblatt aufkochen und 3 Minuten köcheln lassen. Muscheln dazugeben und zugedeckt 5 bis 6 Minuten köcheln lassen.
3. Die Frühlingszwiebeln putzen, waschen und in feine Ringe schneiden. Die Tomaten waschen und halbieren. Beides zu den Muscheln geben und 1 Minute mitgaren.
4. Das Basilikum waschen und trocken tupfen, die Blätter abzupfen und mit dem Salz im Mörser zerreiben. Das Olivenöl unterrühren. Die Muscheln aus dem Sud heben und nicht geöffnete Muscheln entfernen.
5. Muscheln in einem tiefen Teller mit den Zitronenspalten anrichten und mit dem Basilikumsalz und Pfeffer bestreuen.

ZUTATEN/PERSON:

- 500 g **Miesmuscheln** (ergibt 125–150 g Muschelfleisch)
- 50 g **Fenchel**
- 1 **Knoblauchzehe**
- 150 ml **Gemüsebrühe**
- 2 Zweige **Thymian**
- 1 **Lorbeerblatt**
- 50 g **Frühlingszwiebeln**
- 50 g **Cocktailtomaten**
- 3 Stiele **Basilikum**
- 1 TL grobes **Meersalz**
- 1 EL **Olivenöl**
- 1–2 **Zitronenspalten**
- **Pfeffer**

Zucchini-Spaghetti mit Shrimps-Tomaten-Sauce

ZUTATEN/PERSON:

- ½ kleine **Zwiebel** (20 g)
- 1 **Knoblauchzehe**
- 1 TL **Olivenöl**
- 125 g passierte **Tomaten**
- 100 ml **Gemüsebrühe**
- **Salz** und **Pfeffer**
- **Chiliflakes**
- ½ TL abgeriebene unbehandelte **Zitronenschale**
- 4 Stiele **Basilikum**
- 150 g **Shrimps** (vorgegart und geschält)
- 300 g **gelbe** oder **grüne Zucchini**
- 10 g geröstete **Pinienkerne**

Zubereitungszeit ca. 25 Minuten
Eiweiß 36 g • **Fett** 15 g • **Kohlenhydrate** 17 g
Brennwert ca. 340 kcal

ZUBEREITUNG:

1. Die Zwiebel schälen und in feine Würfel schneiden. Den Knoblauch schälen und fein reiben. Das Olivenöl in einer beschichteten Pfanne erhitzen und beides darin andünsten. Die passierten Tomaten und 50 ml Brühe dazugeben und die Sauce zugedeckt 10 Minuten köcheln lassen. Mit Salz, Pfeffer, Chiliflakes und Zitronenschale würzen.
2. Das Basilikum waschen und trocken tupfen, die Blätter abzupfen und grob zerzupfen. Die Hälfte davon unter die Sauce geben. Die Shrimps in die Tomatensauce geben und 1 bis 2 Minuten erwärmen.
3. Die Zucchini putzen, waschen und mit dem Spiralschneider in „Spaghetti" oder mit dem Sparschäler in „Tagliatelle" schneiden. In der restlichen Brühe zugedeckt 2 bis 3 Minuten dünsten. Mit Salz und Pfeffer würzen.
4. Die Zucchini-Spaghetti mit der Shrimps-Tomaten-Sauce in einem tiefen Teller anrichten und mit dem restlichen Basilikum und den Pinienkernen bestreuen.

Spitzkohlpfanne mit Räuchertofu

vegan

ZUTATEN/PERSON:

- 200 g **Spitzkohl**
- 1 TL **Rapsöl**
- 4 EL **Gemüsebrühe**
- 30 g eingelegte **Perlzwiebeln** (oder **Balsamicozwiebeln**)
- 150 g **Räuchertofu**
- **Salz** und **Pfeffer**
- gemahlener **Kümmel**
- **Paprikapulver** (edelsüß)
- ½ TL abgeriebene unbehandelte **Zitronenschale**
- 1 EL grob gehackte **Petersilie**

Zubereitungszeit ca. 18 Minuten
Eiweiß 25 g • **Fett** 19 g • **Kohlenhydrate** 10 g
Brennwert ca. 310 kcal

ZUBEREITUNG:

1. Den Spitzkohl putzen, waschen, in die einzelnen Blätter teilen und in 3 cm große Stücke schneiden. Das Öl in einer beschichteten Pfanne erhitzen und den Kohl darin bei schwacher Hitze 4 bis 5 Minuten braten. Die Brühe dazugeben und den Spitzkohl weitere 3 bis 4 Minuten dünsten.
2. Die Zwiebeln halbieren, den Tofu in 1½ cm große Stücke schneiden. Beides unterheben und kurz erwärmen.
3. Die Spitzkohlpfanne mit Salz, Pfeffer, Kümmel, Paprikapulver und Zitronenschale würzen. Auf einem Teller anrichten und mit der Petersilie bestreuen.

Tofubratlinge mit Wasabi-Dip

vegetarisch

Zubereitungszeit ca. 20 Minuten
Eiweiß 28 g • **Fett** 16 g • **Kohlenhydrate** 13 g
Brennwert ca. 310 kcal

ZUBEREITUNG:

1. Den Tofu mit Küchenpapier gut trocken tupfen und klein schneiden. Mit einer Gabel fein zerdrücken. Das Eiweiß und das Paniermehl unterkneten. Die Frühlingszwiebel putzen, waschen, fein hacken und unter die Tofumasse mischen. Mit Misopaste, Salz und Pfeffer würzen.

2. Aus der Tofumasse kleine Bratlinge formen. Das Öl in einer beschichteten Pfanne erhitzen und die Bratlinge darin auf beiden Seiten 3 bis 4 Minuten goldbraun braten. Herausnehmen und auf Küchenpapier abtropfen lassen.

3. Frischkäse, Wasabipaste und 1 EL Wasser verrühren. Spinat verlesen, waschen und trocken schleudern. Kräuter waschen, trocken tupfen und die Blätter abzupfen. Kräuter und Spinat mischen. Mit Zitronensaft, Salz und Pfeffer würzen.

4. Die Tofubratlinge mit dem Wasabi-Dip und dem Spinat-Kräuter-Mix auf einem Teller anrichten.

ZUTATEN/PERSON:

- 150 g **Tofu**
- 1 **Eiweiß** (30 g)
- 1 EL **Panko** (asiat. Paniermehl; ersatzweise **Semmelbrösel**)
- 1 **Frühlingszwiebel**
- 1 TL **Misopaste**
- **Salz** und **Pfeffer**
- 1 TL **Sonnenblumenöl**
- 30 g **Frischkäse** (0,2 % Fett)
- 1 Msp. **Wasabipaste**
- 50 g junger **Spinat**
- 1 Handvoll gemischte **Kräuter** (z. B. Basilikum, Dill, Koriander, Petersilie)
- 1 TL **Zitronensaft**

AUS 1 MACH 2

Die Bratlinge lassen sich gut auf Vorrat zubereiten, also am besten gleich die doppelte Menge machen. Die übrigen gebratenen Tofupflanzerl können Sie im Kühlschrank bis zu 2 Tage aufbewahren. Dann kalt genießen oder in der Pfanne bzw. Mikrowelle erwärmen.

Tofupfanne mit Brokkoli und Bohnen

vegan

ZUTATEN/PERSON:

- 150 g **Tofu**
- 1 TL **Sonnenblumenöl**
- 100 g **Brokkoli**
- 50 g **grüne Bohnen**
- **Salz**
- 30 g **Frühlingszwiebeln**
- 50 g **Pilze** (Shiitake, Champignons oder Kräuterseitlinge)
- ½ **Knoblauchzehe**
- 10 g **Ingwer**
- ½ **rote Chilischote**
- 1 EL **helle Sojasauce**
- 2–3 EL **Gemüsebrühe**
- 10 g geröstete **Sojakerne**
- 1 EL gehackte **Kräuter** (z.B. Basilikum, Koriander oder Thaibasilikum)

Zubereitungszeit ca. 20 Minuten
Eiweiß 27 g • **Fett** 18 g • **Kohlenhydrate** 10 g
Brennwert ca. 310 kcal

ZUBEREITUNG:

1. Den Tofu mit Küchenpapier gut trocken tupfen und in 1½ cm große Würfel schneiden. Das Öl in einer beschichteten Pfanne erhitzen und den Tofu darin rundum anbraten. Herausnehmen und auf Küchenpapier abtropfen lassen.
2. Den Brokkoli putzen, waschen und in Röschen teilen. Die Bohnen putzen und waschen. Beides in kochendem Salzwasser 3 bis 4 Minuten bissfest garen. In ein Sieb abgießen und kalt abschrecken. Bohnen der Länge nach halbieren.
3. Die Frühlingszwiebeln putzen, waschen und in 2 cm große Stücke schneiden. Die Pilze putzen und je nach Größe halbieren oder vierteln. Den Knoblauch und den Ingwer schälen und fein hacken. Die Chilischote entkernen, waschen und ebenfalls fein hacken.
4. Eine große beschichtete Pfanne erhitzen und die Sojasauce und die Brühe hineingeben. Gemüse, Pilze, Chili, Knoblauch und Ingwer hinzufügen und 2 bis 3 Minuten dünsten. Dann den Tofu unterrühren und kurz erhitzen.
5. Die Tofupfanne auf einem Teller anrichten und mit den Sojakernen und den Kräutern bestreuen.

Gerösteter Blumenkohl mit Gewürz-Joghurt

vegetarisch

Zubereitungszeit ca. 25 Minuten
Eiweiß 40 g • **Fett** 12 g • **Kohlenhydrate** 13 g
Brennwert ca. 330 kcal

ZUBEREITUNG:

1. Den Backofen mit einem Backblech auf der mittleren Schiene auf 200 °C vorheizen. Den Blumenkohl putzen, waschen und in 1 cm dicke Scheiben schneiden. Mit Salz und Pfeffer würzen.

2. Das Blech mit dem Öl einpinseln, Blumenkohlscheiben darauflegen und im Ofen 20 bis 25 Minuten rösten, dabei einmal wenden. Den Seitan in 1 cm große Würfel schneiden und 3 Minuten vor Ende der Garzeit mit in den Ofen geben.

3. Den Joghurt, den Quark und 2 bis 3 EL Wasser verrühren. Mit Salz, Pfeffer, Chiliflakes, Koriander, Kreuzkümmel, Ingwer und Zitronenschale würzen.

4. Den Blumenkohl und den Seitan auf einem Teller anrichten und mit dem Gewürz-Joghurt beträufeln. Mit den Sojakernen und den Kräutern bestreuen.

EIN HAUCH VON ASIEN

ZUTATEN/PERSON:

- 300 g **Blumenkohl**
- **Salz** und **Pfeffer**
- 1 TL **Rapsöl**
- 60 g **Seitan**
- 50 g **Naturjoghurt** (0,1 % Fett)
- 50 g **Magerquark**
- **Chiliflakes**
- je 1 Msp. gemahlener **Koriander** und **Kreuzkümmel**
- ½ TL geriebener **Ingwer**
- 1 Msp. abgeriebene unbehandelte **Zitronenschale**
- 20 g geröstete **Sojakerne**
- 2 EL gehackte **Kräuter** (z. B. Koriander, Petersilie, Minze oder Basilikum)

Garnelen-Hähnchen-Saté mit Gurkensalat

ZUTATEN/PERSON:

- 60 g **Hähnchenbrustfilet**
- 60 g **Garnelen** (vorgegart und geschält)
- 1 Msp. **Currypaste** (oder 1 TL **Currypulver**)
- 15 g **Sojaflocken**
- ½ TL abgeriebene unbehandelte **Limettenschale**
- 2 EL grob gehackter **Koriander**
- **Salz** und **Pfeffer**
- 2 Stängel **Zitronengras**
- 200 g **Salatgurke**
- 1 TL **Reisessig** (oder **Weißweinessig**)
- 2 TL **Olivenöl**
- **Chiliflakes**

Zubereitungszeit ca. 20 Minuten
Eiweiß 31 g • **Fett** 15 g • **Kohlenhydrate** 5 g
Brennwert ca. 290 kcal

ZUBEREITUNG:

1. Das Hähnchenbrustfilet waschen, trocken tupfen und ebenso wie die Garnelen in Würfel schneiden. Mit Currypaste, Sojaflocken und Limettenschale im Küchenmixer pürieren. Die Masse in eine Schüssel geben und 1 EL Koriander unterrühren. Mit Salz und Pfeffer würzen. Aus der Masse mit angefeuchteten Händen 4 längliche Röllchen formen.

2. Vom Zitronengras die äußeren Blätter und die obere trockene Hälfte entfernen. Das Zitronengras waschen und längs halbieren, die Röllchen aufspießen und etwas flach drücken. Die Gurke waschen und mit dem Sparschäler längs in dünne Scheiben schneiden. Mit Reisessig, 1 TL Olivenöl, Chiliflakes und dem restlichen Koriander marinieren.

3. Das übrige Olivenöl in einer beschichteten Pfanne erhitzen und die Spieße darin bei schwacher Hitze rundum 4 Minuten braten. Mit Küchenpapier trocken tupfen und mit dem Gurkensalat anrichten.

Lachsfilet mit Spargel-Quinoa-Salat

ZUTATEN/PERSON:

- 100 g **Lachsfilet** (ohne Haut)
- **Salz** und **Pfeffer**
- **Chiliflakes**
- 15 g **bunte Quinoa**
- 200 g **grüner Spargel**
- 50 g **Radieschen**
- ½ TL abgeriebene unbehandelte **Zitronenschale**
- 1 TL **Zitronensaft**
- 1 TL **Apfelessig**
- 1 TL **Walnussöl** (alternativ **Raps-** oder **Olivenöl**)
- 3 Stiele **Basilikum**

Zubereitungszeit ca. 25 Minuten
Eiweiß 24 g • **Fett** 22 g • **Kohlenhydrate** 16 g
Brennwert ca. 360 kcal

ZUBEREITUNG:

1. Den Backofen auf 100 °C vorheizen und ein Ofengitter auf die mittlere Schiene schieben. Das Lachsfilet waschen und trocken tupfen. Mit Salz, Pfeffer und Chiliflakes würzen. Auf einen Teller geben, mit Frischhaltefolie bedecken und im Ofen 20 Minuten garen.
2. Quinoa in einem feinen Sieb kalt abspülen und nach Packungsanweisung in Salzwasser garen. Spargel waschen, im unteren Drittel schälen und die holzigen Enden abschneiden. Die Stangen mit dem Sparschäler in dünne Streifen schneiden. Streifen 5 Sekunden in kochendes Salzwasser tauchen, herausheben und kalt abschrecken.
3. Die Spargelstreifen mit der abgetropften Quinoa mischen. Radieschen putzen, waschen, in dünne Scheiben schneiden und unterheben.
4. Für die Marinade Zitronenschale und -saft, Essig und Öl verrühren, mit Salz und Pfeffer würzen und über den Salat geben. Basilikum waschen und trocken tupfen, die Blätter abzupfen und grob zerzupfen.
5. Das Lachsfilet aus dem Ofen nehmen, mit dem Spargel-Quinoa-Salat anrichten und mit dem Basilikum bestreuen.

Hähnchenbrust mit Sellerie-Grapefruit-Salat

Zubereitungszeit ca. 30 Minuten
Eiweiß 35 g • **Fett** 12 g • **Kohlenhydrate** 12 g
Brennwert ca. 300 kcal

ZUTATEN/PERSON:

- 150 g **Hähnchenbrustfilet**
- **Salz** und **Pfeffer**
- 2 TL **Olivenöl**
- 1 Zweig **Rosmarin**
- 1 angedrückte **Knoblauchzehe**
- **Currypulver**
- 2 EL **Hühnerbrühe**
- 100 g **Staudensellerie**
- 200 g **Grapefruit**
- 30 g **Brunnenkresse**

ZUBEREITUNG:

1. Den Backofen auf 100 °C vorheizen und ein Ofengitter auf die mittlere Schiene schieben. Das Hähnchenbrustfilet waschen, trocken tupfen und mit Salz und Pfeffer würzen. Das Olivenöl in einer beschichteten ofenfesten Pfanne erhitzen und die Hähnchenbrust darin mit Rosmarin und Knoblauch auf beiden Seiten 1 Minute anbraten.
2. Das Fleisch herausnehmen, das Öl mit Küchenpapier aus der Pfanne entfernen. Dann die Hähnchenbrust mit etwas Currypulver einreiben und mit der Brühe, dem Rosmarin und dem Knoblauch in die Pfanne zurückgeben. Im Ofen 20 bis 25 Minuten gar ziehen lassen.
3. Den Staudensellerie putzen, waschen und schräg in dünne Scheiben schneiden. Die Grapefruit so großzügig schälen, dass die weiße Haut mitentfernt wird. Die Filets zwischen den Trennhäuten herausschneiden, dabei den Saft auffangen. Die Brunnenkresse waschen, trocken tupfen und grob zerzupfen.
4. Die Hähnchenbrust aus der Pfanne nehmen und in Scheiben schneiden. Sellerie, Grapefruitfilets und Brunnenkresse in eine Schüssel geben und mit dem Bratsud aus der Pfanne mischen. Die Hähnchenbrustscheiben mit dem Sellerie-Grapefruit-Salat anrichten.

GEWUSST WIE

Brunnenkresse, auch Wasserkresse genannt, hat wie ihre Verwandte, die Gartenkresse, einen frischen, leicht scharfen Geschmack. Sollten Sie keine Brunnenkresse bekommen, können Sie auch jungen Spinat nehmen.

Hähnchenbrust mit Gemüselinsen

ZUTATEN/PERSON:

- 125 g **Hähnchenbrustfilet**
- **Salz** und **Pfeffer**
- 1 TL **Olivenöl**
- 50 g **Lauch**
- 100 g **Tomaten**
- 50 g **Champignons**
- 30 g **gelbe Paprikaschote**
- 4 EL **Gemüsebrühe**
- 20 g **braune Linsen** (aus der Dose)
- **Chiliflakes**
- 30 g **Frischkäse** (0,2 % Fett)
- ½ TL **Currypulver**
- 1 TL **Limettensaft**
- 1 EL gehackte **Kräuter** (z. B. Basilikum, Koriander oder Schnittlauch)

Zubereitungszeit ca. 25 Minuten
Eiweiß 36 g • **Fett** 7 g • **Kohlenhydrate** 8 g
Brennwert ca. 240 kcal

ZUBEREITUNG:

1. Backofen auf 100 °C vorheizen und ein Ofengitter auf die mittlere Schiene schieben. Hähnchenbrustfilet waschen, trocken tupfen und mit Salz und Pfeffer würzen. Das Olivenöl in einer beschichteten ofenfesten Pfanne erhitzen und die Hähnchenbrust darin auf beiden Seiten 1 Minute anbraten.
2. Das Fleisch herausnehmen, das Öl mit Küchenpapier aus der Pfanne entfernen. Dann die Hähnchenbrust in die Pfanne zurückgeben und im Ofen 20 bis 25 Minuten gar ziehen lassen.
3. Lauch putzen, waschen und in feine Ringe schneiden. Tomate waschen, vierteln und entkernen, dabei den Stielansatz entfernen. Viertel in kleine Würfel schneiden. Pilze putzen, trocken abreiben und in dünne Scheiben schneiden. Paprika entkernen, waschen und in kleine Würfel schneiden.
4. Das Gemüse in der Brühe zugedeckt 5 Minuten dünsten. Die Linsen abspülen, abtropfen lassen, dazugeben und erwärmen. Mit Salz, Pfeffer und Chiliflakes würzen.
5. Für den Dip Frischkäse, Curry, Limettensaft, Kräuter, Salz und Pfeffer verrühren. Gemüselinsen mit der Hähnchenbrust auf einem Teller anrichten und den Dip danebensetzen.

Schweinefilet
mit Apfel und Sellerie

Zubereitungszeit ca. 20 Minuten
Eiweiß 34 g • **Fett** 8 g • **Kohlenhydrate** 8 g
Brennwert ca. 250 kcal

ZUTATEN/PERSON:

- 125 g **Schweinemedaillons**
- **Salz** und **Pfeffer**
- 1 TL **Olivenöl**
- 2 Zweige **Thymian**
- 1 angedrückte **Knoblauchzehe**
- 150 g **Staudensellerie**
- 40 g **Apfel** (bevorzugt Granny Smith)
- 1 TL **Zitronensaft**
- 5 Stiele **Basilikum**
- 50 g **Frischkäse** (0,2 % Fett)
- 2 EL **Gemüsebrühe**

ZUBEREITUNG:

1. Backofen auf 100 °C vorheizen. Ein Ofengitter auf die mittlere Schiene und darunter ein Abtropfblech schieben. Die Schweinemedaillons mit Salz und Pfeffer würzen und in einer beschichteten Pfanne im Olivenöl mit dem Thymian und dem Knoblauch auf beiden Seiten 1 Minute scharf anbraten.
2. Das Fleisch herausnehmen, mit Küchenpapier abtupfen und mit dem Thymian und dem Knoblauch auf dem Gitter im Ofen 20 bis 25 Minuten gar ziehen lassen.
3. Den Staudensellerie putzen, waschen und schräg in dünne Scheiben schneiden. In kochendem Salzwasser 10 Sekunden blanchieren, abgießen und kalt abschrecken. Den Apfel waschen, in dünne Stifte schneiden und mit dem Zitronensaft marinieren. Mit dem Sellerie mischen und mit Salz und Pfeffer würzen.
4. Das Basilikum waschen und trocken tupfen, die Blätter abzupfen und einige Blätter beiseitelegen. Das restliche Basilikum mit dem Frischkäse und der Brühe fein pürieren und mit Salz und Pfeffer würzen.
5. Die Medaillons mit dem Apfel-Sellerie-Mix anrichten. Mit dem restlichen Basilikum garnieren und mit dem Dip beträufeln.

Rinderfilet **mit Gemüsesalat**

ZUTATEN/PERSON:

- 125 g **Rinderfilet** (1 ½ cm dick)
- **Salz** und **Pfeffer**
- 2 TL **Olivenöl**
- 50 g **grüner Spargel** (gewaschen und geschält)
- 50 g **Kohlrabi** (geschält)
- 50 g **Cocktailtomaten**
- 50 g **Frühlingszwiebeln**
- **Chiliflakes**
- 1 TL grober **Senf**
- 1 TL **Apfelessig**
- 2 EL **Gemüsebrühe**
- ½ TL abgeriebene unbehandelte **Zitronenschale**
- einige **Basilikumblätter**
- 20 g **Sprossen** (z. B. Radieschen-, Alfalfa- oder Linsensprossen)

Zubereitungszeit ca. 25 Minuten
Eiweiß 31 g • **Fett** 8 g • **Kohlenhydrate** 8 g
Brennwert ca. 340 kcal

ZUBEREITUNG:

1. Den Backofen auf 100 °C vorheizen und ein Ofengitter mit einem Abtropfblech darunter auf die mittlere Schiene schieben. Das Rinderfilet mit Salz und Pfeffer würzen und in einer beschichteten Pfanne in 1 TL Olivenöl auf beiden Seiten 1 Minute scharf anbraten. Aus der Pfanne nehmen, abtupfen und auf dem Gitter im Ofen 15 bis 20 Minuten garen.
2. Den Spargel in 3 cm lange Stücke schneiden. Den Kohlrabi in 1½ cm große Würfel schneiden. Beides in kochendem Salzwasser 2 Minuten garen. In ein Sieb abgießen.
3. Die Tomaten waschen und halbieren. Die Frühlingszwiebeln putzen, waschen, in 3 cm lange Stücke schneiden und in der Pfanne im restlichen Olivenöl andünsten, dann den Spargel und den Kohlrabi dazugeben. Zum Schluss die Tomaten unterrühren. Die Pfanne beiseitestellen und das Gemüse mit Salz, Pfeffer und Chiliflakes würzen. Senf, Essig, Brühe und Zitronenschale hinzufügen.
4. Den Gemüsesalat mit dem Steak auf einem Teller anrichten. Mit grob gezupftem Basilikum und den Sprossen garnieren.

Rindfleischsalat **Thai-Style**

ZUTATEN/PERSON:

- 125 g **rosa gebratenes Rinderfilet** (am Vortag gebraten, siehe rechts)
- 50 g **Staudensellerie**
- 100 g **Salatgurke**
- 50 g **Mungobohnensprossen**
- 1 kleines Bund gemischte **Kräuter** (z.B. Minze, Koriander, Thaibasilikum)
- ½ TL geriebener **Ingwer**
- ¼ gehackte **Knoblauchzehe**
- ¼ gehackte **rote Chilischote**
- 1 TL **Limettensaft**
- 1 TL **Sojasauce**
- 1 TL **Fischsauce**

Zubereitungszeit ca. 15 Minuten
Eiweiß 32 g • **Fett** 8 g • **Kohlenhydrate** 5 g
Brennwert ca. 240 kcal

ZUBEREITUNG:

1. Das Rinderfilet in dünne Streifen schneiden. Den Staudensellerie putzen, waschen und schräg in dünne Scheiben schneiden. Die Gurke schälen, längs halbieren, entkernen und in ½ cm dicke Stücke schneiden. Die Sprossen waschen und trocken tupfen.

2. Für die Marinade Kräuter waschen und trocken tupfen, die Blätter abzupfen und grob zerzupfen. Ingwer, Knoblauch, Chili, Limettensaft, Soja- und Fischsauce verrühren und die Kräuter untermischen. Die Salatzutaten mit der Thai-Marinade mischen.

ZARTE KRAFTPAKETE

Mungobohnensprossen, fälschlicherweise oft auch als Soja(bohnen)sprossen bezeichnet, sind kalorienarm, aber reich an Vitalstoffen. Also ruhig öfter auf den Tisch bringen!

Rinderfilet
mit Caesar-Dressing

Zubereitungszeit ca. 25 Minuten
Eiweiß 36 g • **Fett** 15 g • **Kohlenhydrate** 6 g
Brennwert ca. 320 kcal

ZUBEREITUNG:

1. Backofen auf 100 °C vorheizen. Ofengitter mit einem Abtropfblech darunter auf die mittlere Schiene schieben. Die Filets salzen, pfeffern und im Öl in einer Pfanne auf beiden Seiten scharf anbraten. Herausnehmen, abtupfen und auf dem Gitter im Ofen 15 bis 20 Minuten gar ziehen lassen.

2. Die Kopfsalatherzen putzen, waschen, trocken tupfen und der Länge nach vierteln. In der noch heißen Pfanne bei schwacher Hitze rundum 2 Minuten braten. Brühe dazugeben und weitere 2 Minuten garen. Mit Salz, Pfeffer und Chiliflakes würzen. Die Tomaten waschen und halbieren.

3. Joghurt, Essig und Parmesan verrühren, mit Salz und Pfeffer würzen. Ein Rinderfilet dünn aufschneiden (das andere bis zum nächsten Tag kühl stellen) und mit den Kopfsalatherzen und den Tomaten auf einem Teller anrichten. Dressing darübergeben, alles mit Kapern und Schnittlauch bestreuen.

ZUTATEN/PERSON:

- 2 **Rinderfilets** (à 125 g, 1½ cm dick; das zweite Filet für den Rindfleischsalat, siehe links, verwenden)
- **Salz** und **Pfeffer**
- 1 TL **Öl**
- 200 g kleine **Kopfsalatherzen**
- 2 EL **Gemüsebrühe**
- **Chiliflakes**
- 50 g **Cocktailtomaten**
- 40 g **Naturjoghurt** (0,1 % Fett)
- 1 TL **Weißweinessig**
- 10 g geriebener **Parmesan**
- 10 g kleine **Kapern**
- 1 TL **Schnittlauchröllchen**

To go

Brotzeit für unterwegs

Sie haben mittags keine Zeit zu kochen? Oder auch mal keine Lust? Dann sind die Gerichte in diesem Kapitel genau das Passende, denn sie lassen sich gut vorbereiten und überallhin mitnehmen: ins Büro, auf Reisen oder zum Picknick im Freien.

Omelett-Wrap
mit Schinken

ZUTATEN/PERSON:

- 1 **Ei** (Größe M)
- 2 TL **Öl**
- **Salz** und **Pfeffer**
- 1 **Möhre**
- 1 **Frühlingszwiebel**
- 3 Stiele **Petersilie**
- 100 g **Magerquark**
- 2 Scheiben magerer **Kochschinken** (à 15 g)

Zubereitungszeit ca. 15 Minuten
Eiweiß 29 g • **Fett** 13 g • **Kohlenhydrate** 9 g
Brennwert ca. 270 kcal

ZUBEREITUNG:

1. Das Ei mit 1 TL Öl verquirlen und mit Salz und Pfeffer würzen. Das restliche Öl in einer kleinen beschichteten Pfanne erhitzen. Die Eimasse hineingeben und durch Schwenken der Pfanne dünn verteilen. Etwa 1 Minute braten, dann vorsichtig wenden und etwa 1 Minute weiterbraten. Auf einen Teller geben und abkühlen lassen.
2. Inzwischen die Möhre putzen, schälen und grob raspeln. Die Frühlingszwiebel putzen, waschen und in feine Ringe schneiden. Die Petersilie waschen und trocken tupfen, die Blätter abzupfen und fein hacken. Alles unter den Quark rühren und mit Salz und Pfeffer würzen.
3. Den Schinken auf das Omelett legen und mit dem Quark bestreichen. Das Omelett aufrollen. Zum Mitnehmen erst in Frischhalte-, dann in Alufolie wickeln und bis zum Verzehr kühl stellen.

ABWECHSLUNG GEFÄLLIG?

Statt mit Möhre können Sie den Quarkaufstrich mit Gurken- oder Paprikawürfeln zubereiten. Fein schmeckt der Quark auch mit Schnittlauch anstelle von Petersilie.

Spanische Sellerie-Tortilla

Zubereitungszeit ca. 30 Minuten
Eiweiß 20 g • **Fett** 22 g • **Kohlenhydrate** 7 g
Brennwert ca. 310 kcal (pro Portion)

GEWUSST WIE

Die Tortilla hält sich zugedeckt im Kühlschrank etwa 3 Tage, eingefroren etwa 2 Monate. Dann am besten über Nacht im Kühlschrank auftauen lassen.

ZUTATEN/4 PORTIONEN:

- 100 g **Chorizo** (span. Paprikawurst; am Stück)
- 1 **Zwiebel**
- 500 g **Knollensellerie**
- 2 TL **Olivenöl**
- **Salz** und **Pfeffer**
- 6 **Eier**
- 1 TL getrockneter **Thymian**
- 150 g **Cocktailtomaten** pro Portion

ZUBEREITUNG:

1. Die Chorizo häuten, längs halbieren und in dünne Scheiben schneiden. Die Zwiebel schälen und in feine Würfel schneiden. Den Sellerie putzen und schälen, zuerst in etwa 2 cm breite Scheiben und diese dann in feine Streifen schneiden.

2. In einer beschichteten ofenfesten Pfanne (etwa 26 cm ø) 1 TL Olivenöl erhitzen. Chorizo und Zwiebel darin rundum 3 bis 4 Minuten anbraten. Sellerie dazugeben und etwa 5 Minuten weiterbraten. 2 bis 3 EL Wasser hinzufügen und zugedeckt etwa 5 Minuten dünsten. Mit Salz und Pfeffer würzen. Das Gemüse in eine Schüssel füllen und kurz abkühlen lassen. Die Pfanne mit Küchenpapier trocken reiben.

3. Den Backofengrill auf 220 °C vorheizen. Die Eier verquirlen, mit Salz, Pfeffer und Thymian würzen und unter das Gemüse rühren.

4. Das restliche Olivenöl in der Pfanne erhitzen. Die Tortillamasse hineingeben und bei mittlerer Hitze 4 bis 5 Minuten stocken lassen. Dann die Pfanne auf die mittlere Schiene in den Ofen stellen und die Tortilla unter dem Grill 4 bis 5 Minuten garen, bis die Oberfläche brodelt und gestockt ist.

5. Die Tortilla herausnehmen und kurz abkühlen lassen. Vom Rand lösen, auf einen großen Topfdeckel oder Teller stürzen und auskühlen lassen. In Viertel schneiden, abkühlen lassen und portionsweise kühl stellen oder einfrieren. Je ein Viertel mit 150 g Cocktailtomaten getrennt verpackt mitnehmen.

Mini-Frittatas
mit Gemüsemix

Zubereitungszeit ca. 25 Minuten
Eiweiß 34 g • **Fett** 13 g • **Kohlenhydrate** 10 g
Brennwert ca. 300 kcal

ZUTATEN/PERSON:

- 150 g gemischtes **Gemüse** (z. B. Möhren, Erbsen, Paprikaschote, Fenchel)
- 1 Scheibe magerer **Kochschinken** (25 g)
- ¼ Bund **Basilikum**
- 1 **Ei** (Größe M)
- 1 **Eiweiß**
- **Salz** und **Pfeffer**
- etwas **Öl** für das Muffinblech
- 125 g **Magerquark**
- 1 TL **grünes Pesto** (aus dem Glas)

ZUBEREITUNG:

1. Den Backofen auf 190 °C vorheizen. Das Gemüse je nach Sorte putzen, waschen bzw. schälen und in sehr kleine Würfel schneiden oder, festere Sorten wie z. B. Möhren, grob raspeln. Den Schinken in kleine Würfel schneiden. Basilikum waschen und trocken schütteln, die Blätter abzupfen und fein hacken.

2. Das Ei mit dem Eiweiß und Salz und Pfeffer verquirlen, das Basilikum unterrühren. Drei Mulden eines Muffinblechs dünn mit Öl ausstreichen. Das Gemüse und den Schinken in den Mulden verteilen und die Eiermasse gleichmäßig darübergießen. Im Ofen auf der mittleren Schiene etwa 12 Minuten backen.

3. Inzwischen den Quark mit dem Pesto verrühren und mit Salz und Pfeffer würzen. Die Mini-Frittatas in der Form auskühlen lassen. Aus der Form lösen und getrennt verpackt mit dem Pesto-Quark mitnehmen.

GEWUSST WIE

Die Mini-Frittatas lassen sich wunderbar auf Vorrat zubereiten. Backen Sie am besten gleich die doppelte oder dreifache Menge. Sie können sie bis zu 2 Tage im Kühlschrank aufbewahren oder portionsweise einfrieren.

Zucchini-Nudeln mit Mozzarellabällchen

vegetarisch

ZUTATEN/PERSON:

- 25 g **getrocknete Tomaten** (in Öl)
- 100 g **Tomaten**
- 10 g **Pinienkerne**
- 10 g geriebener **Parmesan**
- **Salz** und **Pfeffer**
- 1 **Zucchini** (ca. 250 g)
- 75 g **Mozzarellabällchen** (light)
- einige **Basilikumblätter** zum Garnieren

Zubereitungszeit ca. 20 Minuten
Eiweiß 26 g • **Fett** 19 g • **Kohlenhydrate** 12 g
Brennwert ca. 320 kcal

ZUBEREITUNG:

1. Die getrockneten Tomaten gut abtropfen lassen und grob zerkleinern. Die frischen Tomaten waschen und in grobe Würfel schneiden, dabei den Stielansatz entfernen.
2. Die Pinienkerne in einer beschichteten Pfanne ohne Fett anrösten. Beide Tomatensorten mit den Pinienkernen und dem Parmesan mit dem Stabmixer fein pürieren und mit Salz und Pfeffer würzen. Sauce in ein Schraubglas geben.
3. Die Zucchini putzen, waschen und mit dem Spiralschneider in „Spaghetti" oder mit dem Sparschäler in „Tagliatelle" schneiden. In einer gut schließenden Transportbox verpacken. Die Mozzarellabällchen abgießen und in einer zweiten Box verpacken. Alles kühl stellen.
4. Vor dem Verzehr die Zucchini-Spaghetti auf einen Teller geben, die Sauce daraufgeben und die Mozzarellabällchen darauf verteilen. Mit dem Basilikum garnieren.

GEWUSST WIE

Wenn Sie keine fettreduzierten Mozzarellabällchen bekommen, können Sie auch 75 g Mozzarellakugel nehmen, diese gibt es inzwischen in fast allen Supermärkten als Light-Variante.

Quinoa-Salat mit Garnelen

ZUTATEN/PERSON:

- 20 g **weiße Quinoa**
- **Salz**
- 1 **Frühlingszwiebel**
- 50 g **Staudensellerie**
- 100 g **Salatgurke**
- 100 g **Pak Choi**
- 1 EL **Sojasauce**
- 1–2 TL **Limettensaft**
- ca. ½ TL **Wasabipaste**
- 3 TL **Öl**
- 1 haselnussgroßes Stück **Ingwer**
- 1 Spritzer flüssiger **Honig**
- **Pfeffer**
- 120 g **Garnelen** (vorgegart und geschält)

Zubereitungszeit ca. 25 Minuten
Eiweiß 27 g • **Fett** 19 g • **Kohlenhydrate** 16 g
Brennwert ca. 350 kcal

ZUBEREITUNG:

1. Quinoa in einem feinen Sieb kalt abspülen und nach Packungsanweisung in Salzwasser garen.
2. Inzwischen die Frühlingszwiebel putzen, waschen und in feine Ringe schneiden. Sellerie putzen, waschen und in dünne Scheiben schneiden. Gurke schälen, vierteln, entkernen und in kleine Würfel schneiden. Pak Choi waschen, trocken schütteln und in schmale Streifen schneiden.
3. Für das Dressing Sojasauce, Limettensaft, Wasabipaste und 2 TL Öl verrühren. Ingwer schälen, fein ins Dressing reiben und alles mit Salz, Honig und Pfeffer würzen.
4. Quinoa abgießen, abtropfen lassen und mit dem Gemüse zum Dressing geben.
5. Das restliche Öl in einer beschichteten Pfanne erhitzen. Garnelen darin rundum 2 bis 3 Minuten anbraten. Mit dem Qinoa-Salat in eine gut schließende Transportbox geben, abkühlen lassen, verschließen und bis zum Verzehr kühl stellen. Nach Belieben mit gehacktem Koriander bestreuen.

KÖSTLICHES CROSSOVER

Makrelensalat
mit Tomaten

Zubereitungszeit ca. 15 Minuten
Eiweiß 24 g • **Fett** 22 g • **Kohlenhydrate** 6 g
Brennwert ca. 320 kcal

ZUTATEN/PERSON:

- 75 g **Blattsalat** (z. B. Kopfsalat oder eine Mischung aus verschiedenen Salaten)
- 50 g **Cocktailtomaten**
- ½ **gelbe Paprikaschote**
- 50 g **Salatgurke**
- 1 TL **Weißweinessig**
- ½ TL mittelscharfer **Senf**
- 1 EL **Naturjoghurt** (1,5 % Fett)
- **Salz** und **Pfeffer**
- 1 TL **Öl**
- 1 geräuchertes **Makrelenfilet** (100 g; ohne Haut)

ZUBEREITUNG:

1. Den Salat in die einzelnen Blätter teilen, waschen, trocken schütteln und in mundgerechte Stücke zupfen. Die Tomaten waschen und halbieren. Die Paprika entkernen und waschen, die Gurke schälen. Beides in Würfel schneiden.
2. Für das Dressing den Essig mit Senf und Joghurt verrühren, mit Salz und Pfeffer würzen. Das Öl und 2 EL Wasser unterschlagen. Das Dressing in ein Schraubglas füllen.
3. Das Makrelenfilet in mundgerechte Stücke schneiden. Den Blattsalat in eine gut schließende Transportbox geben, das Gemüse und den Fisch darauf anrichten. Zusammen mit dem Dressing bis zum Verzehr kühl stellen. Vor dem Verzehr das Dressing über den Salat geben.

To go

Regenbogensalat mit Feta

vegetarisch

ZUTATEN/PERSON:

- 30 g gegarte **Kichererbsen** (aus der Dose)
- 1 **Möhre**
- 50 g junger **Spinat**
- 1 kleine **rote Spitzpaprikaschote**
- 100 g leichter **Fetakäse** (9 % Fett)
- 1 EL **Orangensaft**
- 30 g **saure Sahne** (10 % Fett)
- 30 g **Buttermilch**
- **Salz** und **Pfeffer**
- 1 TL gehackte **Petersilie**

Zubereitungszeit ca. 20 Minuten
Eiweiß 27 g • **Fett** 16 g • **Kohlenhydrate** 15 g
Brennwert ca. 320 kcal

ZUBEREITUNG:

1. Die Kichererbsen abgießen und abtropfen lassen. Die Möhre putzen, schälen und grob raspeln. Den Spinat waschen und trocken schleudern. Die Paprika längs halbieren, entkernen, waschen und in schmale Streifen schneiden. Den Feta in kleine Würfel schneiden.

2. Für das Dressing den Orangensaft mit der sauren Sahne und der Buttermilch verrühren. Mit Salz und Pfeffer würzen. Die Petersilie unterrühren. Das Dressing in ein kleines Schraubglas füllen.

3. In ein großes Schraub- oder Einmachglas nacheinander die Kichererbsen, die Möhrenraspel, die Paprikastreifen, den Feta und den Spinat einschichten und das Glas verschließen. Salat bis zum Verzehr mit dem Dressing kühl stellen.

Blumenkohl-Taboulé
mit Garnelen

ZUTATEN/PERSON:

- ½ kleiner **Blumenkohl** (ca. 300 g)
- 1 EL **Olivenöl**
- 2 EL **Zitronensaft**
- **Salz** und **Pfeffer**
- gemahlener **Kreuzkümmel**
- 150 g **Cocktailtomaten**
- ¼ Bund **Petersilie**
- 3 Stiele **Minze**
- 1 TL **Öl**
- 100 g **Garnelen** (vorgegart und geschält)

Zubereitungszeit ca. 25 Minuten
Eiweiß 25 g • **Fett** 14 g • **Kohlenhydrate** 10 g
Brennwert ca. 260 kcal

ZUBEREITUNG:

1. Den Blumenkohl putzen, waschen und in Röschen teilen. Portionsweise im Blitzhacker auf Couscous-Größe zerkleinern oder auf der Gemüsereibe fein reiben.
2. Den Blumenkohl in einer beschichteten Pfanne im Olivenöl rundum 3 bis 4 Minuten anbraten. Dabei eventuell noch 1 bis 2 EL Wasser dazugeben. Mit Zitronensaft, Salz, Pfeffer und Kreuzkümmel würzen. In eine Schüssel füllen und abkühlen lassen.
3. Die Tomaten waschen und vierteln. Die Kräuter waschen und trocken schütteln, Blätter abzupfen und fein hacken. Die Tomaten und die Kräuter unter den Blumenkohl mischen. Den Salat nochmals abschmecken.
4. Eine Grillpfanne erhitzen und das Öl darin mit einem Pinsel verstreichen. Die Garnelen darin rundum 3 bis 4 Minuten anbraten.
5. Das Blumenkohl-Taboulé mit den Garnelen in eine gut schließende Transportbox geben, abkühlen lassen, verschließen und bis zum Verzehr kühl stellen.

Thunfischsalat auf Eiweißbrot

Zubereitungszeit ca. 15 Minuten
Eiweiß 38 g • **Fett** 10 g • **Kohlenhydrate** 9 g
Brennwert ca. 280 kcal

ZUBEREITUNG:

1. Thunfisch abgießen, abtropfen lassen und zerpflücken. Senf und saure Sahne glatt rühren. Zwiebel schälen und in feine Würfel schneiden. Basilikum waschen und trocken tupfen, Blätter abzupfen und fein hacken.
2. Alles mit den Kapern mischen. Mit Salz, Pfeffer und Zitronensaft würzen. In einer Transportbox verpacken und bis zum Verzehr kühl stellen. Das Brot nach Belieben leicht toasten und zum Thunfischsalat essen.

ZUTATEN/PERSON:

- 1 Dose **Thunfisch** (im eigenen Saft; Abtropfgewicht 130 g)
- 1 TL **Senf**
- 50 g **saure Sahne** (10 % Fett)
- ½ kleine **rote Zwiebel**
- 1 Stiel **Basilikum**
- 1 EL **Kapern**
- **Salz** und **Pfeffer**
- 1 Spritzer **Zitronensaft**
- 1 dünne Scheibe **Eiweißbrot** (ca. 30 g; Rezept siehe S. 47)

Salat-Tacos mit Avocadodip

Zubereitungszeit ca. 25 Minuten
Eiweiß 29 g • **Fett** 21 g • **Kohlenhydrate** 15 g
Brennwert ca. 370 kcal

ZUBEREITUNG:

1. Filet waschen, trocken tupfen und in Streifen schneiden. Frühlingszwiebel putzen, waschen und in Ringe schneiden. Chili und Paprika halbieren, entkernen, waschen und würfeln. Nüsse in einer Pfanne ohne Fett anrösten.
2. Fleisch im Öl rundum 6 bis 8 Minuten braten. Nach 3 Minuten erst Paprika, dann Chili und Frühlingszwiebel dazugeben und mitbraten. Mit Salz, Pfeffer und Honig würzen.
3. Salatblätter waschen und trocken schütteln. Avocadofruchtfleisch und Joghurt mit einer Gabel zerdrücken. Mit Salz, Kreuzkümmel und Limettensaft würzen. Hähnchen-Mix in die Salatblätter füllen, mit Dip anrichten (Foto siehe S. 82/83).

ZUTATEN/PERSON:

- 100 g **Hähnchenbrustfilet**
- 1 **Frühlingszwiebel**
- 1 **rote Chilischote**
- 1 **rote Paprikaschote**
- 1 TL **Erdnusskerne**
- 1 TL **Olivenöl**
- **Salz** und **Pfeffer**
- 1 Spritzer flüssiger **Honig**
- 50 g **Römersalatblätter**
- ¼ kleine reife **Avocado**
- 1 EL **Naturjoghurt** (1,5 % Fett)
- 1 Msp. gem. **Kreuzkümmel**
- 1 guter Spritzer **Limettensaft**

Zitronen-Huhn
mit Fenchel

ZUTATEN/PERSON:

- 100 g **Hähnchenbrustfilet**
- 3 TL **Olivenöl**
- ½ TL abgeriebene Schale und ca. 1 TL Saft von 1 unbehandelten **Zitrone**
- **Pfeffer**
- 1 **Fenchelknolle** (ca. 250 g)
- 1 TL **Mandelblättchen**
- 1 Stiel **Basilikum**
- 50 g **Rucola**
- **Salz**

Zubereitungszeit ca. 25 Minuten
Eiweiß 30 g • **Fett** 20 g • **Kohlenhydrate** 7 g
Brennwert ca. 320 kcal

ZUBEREITUNG:

1. Das Hähnchenbrustfilet waschen, trocken tupfen und in schmale Streifen schneiden. Mit Olivenöl, Zitronenschale und -saft sowie etwas Pfeffer mischen und kurz ziehen lassen.
2. Inzwischen den Fenchel putzen, waschen und in sehr dünne Scheiben hobeln oder schneiden. Die Mandeln nach Belieben in einer kleinen beschichteten Pfanne ohne Fett goldbraun rösten.
3. Das Basilikum waschen, trocken tupfen und die Blätter abzupfen. Den Rucola verlesen, waschen und trocken schleudern. Fenchel, Basilikum und Rucola in eine gut schließende Transportbox geben.
4. Eine beschichtete Pfanne erhitzen, das Fleisch samt der Marinade hineingeben und rundum etwa 6 Minuten braten. Das Fleisch mit Salz würzen und noch warm mit dem Bratsatz auf den Salat geben. Mit den Mandelblättchen bestreuen. Etwas abkühlen lassen, verschließen und bis zum Verzehr kühl stellen.

Snacks & Drinks

Figurbewusst „naschen"

Ob zweites Frühstück, kleine Kaffeepause oder Stärkung nach dem Sport: Wem der Heißhunger zwischen den Mahlzeiten zu groß wird, der findet hier köstliche Kleinigkeiten. Oder lassen Sie sich einen unserer super Detox-Drinks schmecken!

Tofucreme mit Beeren

vegan

ZUTATEN/PERSON:

- je 25 g **Himbeeren** und **Heidelbeeren**
- 200 g **Seidentofu**
- 1 TL **Lucumapulver** (ersatzweise **Kokosmehl**)
- 1 Spritzer **Agavendicksaft** (oder 1 Spritzer flüssiger **Honig**, dann wird es eine nicht vegane Variante)
- ½ TL natürlicher **Vanilleextrakt** (oder das Mark von ½ **Vanilleschote**)
- 1 TL **Mandelblättchen**
- 2–3 **Minzeblättchen**

Zubereitungszeit ca. 15 Minuten
Eiweiß 12 g • **Fett** 7 g • **Kohlenhydrate** 7 g
Brennwert ca. 160 kcal

ZUBEREITUNG:

1. Die Himbeeren und die Heidelbeeren verlesen, waschen und trocken tupfen. Seidentofu, Lucumapulver, Agavendicksaft, Vanille und die Hälfte der Beeren in einen hohen Rührbecher geben und mit dem Stabmixer fein pürieren. In ein Schälchen füllen.
2. Die Mandelblättchen nach Belieben in einer kleinen beschichteten Pfanne ohne Fett goldbraun rösten, herausnehmen und abkühlen lassen.
3. Die Creme mit den übrigen Beeren und den Mandelblättchen bestreuen und mit den Minzeblättchen garnieren (im Foto oben).

!

SÜDAMERIKANISCHES WUNDER-FOOD

Lucuma ist eine Frucht aus Peru, die besonders nährstoff- und ballaststoffreich ist und daher zu den Superfoods gezählt wird. In Deutschland ist sie in Pulverform erhältlich und bereichert mit ihrem natürlich süßen Aroma Süßspeisen oder Gebäck auf kalorienarme und gesunde Weise. Zudem dickt das Pulver die Creme leicht an.

Quinoa-Erdbeer-Creme

vegan

ZUTATEN/PERSON:

- 250 g **Seidentofu**
- 2 g **Sonnenblumenöl**
- 1 Msp. **Vanillemark**
- 1 Spritzer **Limettensaft**
- 1 Msp. abgeriebene unbehandelte **Limettenschale**
- 20 g **Erdbeeren** (oder Heidelbeeren)
- 2–3 **Basilikumblätter**
- 3 g gepuffte **Quinoa**

Zubereitungszeit ca. 5 Minuten
Eiweiß 13 g • **Fett** 8 g • **Kohlenhydrate** 7 g
Brennwert ca. 150 kcal

ZUBEREITUNG:

1. Seidentofu, Öl, Vanillemark, Limettensaft und -schale in einer Schüssel verrühren. Die Erdbeeren waschen, putzen und vierteln.
2. Die Beeren mit der Creme, dem Basilikum und der gepufften Quinoa anrichten (Foto siehe S. 101 unten).

Heidelbeer-Kiwi-Salat mit Minze

vegetarisch

ZUTATEN/PERSON:

- 30 g **Heidelbeeren**
- ½ **Kiwi**
- ¼ kleine reife **Avocado**
- 1 Prise **Kokosblütenzucker**
- ca. 1 TL **Limettensaft**
- ½ TL natürlicher **Vanilleextrakt** (oder das Mark von ½ **Vanilleschote**)
- 2 Stiele **Minze**
- 50 g **Magerquark**
- 1 Schuss **Mineralwasser** (mit Kohlensäure)

Zubereitungszeit ca. 15 Minuten
Eiweiß 1 g • **Fett** 11 g • **Kohlenhydrate** 6 g
Brennwert ca. 135 kcal

ZUBEREITUNG:

1. Heidelbeeren verlesen, waschen und trocken tupfen. Kiwi schälen und in Würfel schneiden.
2. Für das Dressing das Avocadofruchtfleisch zerdrücken und mit etwas Wasser, Kokosblütenzucker, Limettensaft und Vanille mischen.
3. Obst mit Dressing in eine Schale geben. Minze waschen, trocken tupfen, die Blättchen abzupfen und die Hälfte mit dem Quark und dem Mineralwasser verrühren.
4. Den Obstsalat mit der restlichen Minze bestreuen und den Quark dazu servieren.

Grapefruit-Smoothie mit Spinat und Sellerie

vegan

Zubereitungszeit ca. 15 Minuten
Eiweiß 9 g • **Fett** 7 g • **Kohlenhydrate** 6 g
Brennwert ca. 130 kcal

ZUTATEN/PERSON:

- ¼ rosa **Grapefruit**
- 50 g junger **Spinat**
- 2 Stangen **Staudensellerie**
- 200 ml ungesüßter **Sojadrink**
- ½ TL ungesüßtes **Mandelmus**

ZUBEREITUNG:

1. Grapefruit so großzügig schälen, dass auch die weiße Haut mitentfernt wird. Die Filets zwischen den Trennhäuten herausschneiden, dabei den Saft auffangen. Spinat verlesen, waschen, trocken schleudern und grob hacken. Staudensellerie putzen, waschen und in Stücke schneiden.
2. Alle Zutaten mit etwa 50 ml Wasser fein pürieren. Den Smoothie in ein Glas füllen und langsam genießen.

Beeren-**Muffins**

vegetarisch

Zubereitungszeit ca. 20 Minuten
Eiweiß 8 g • **Fett** 0 g • **Kohlenhydrate** 5 g
Brennwert ca. 50 kcal (pro Muffin)

ZUTATEN/4 MUFFINS:

- 5 **Eiweiß** (150 g)
- 30 g **Lupinenmehl**
- 1 Msp. **Zimtpulver**
- 1 TL **Weinstein-Backpulver**
- 1 TL **Kakaopulver**
- 1 TL **Kokosmehl**
- 70 g **Johannisbeeren**

ZUBEREITUNG:

1. Den Backofen auf 200 °C vorheizen. Alle Zutaten bis auf die Beeren gut vermischen. Die Johannisbeeren verlesen, waschen, trocken tupfen, von den Rispen streifen und unterheben (wer es besonders süß mag, süßt den Teig mit etwas Stevia).
2. Den Teig in vier Mulden einer Muffinform (am besten aus Silikon, diese müssen nicht gefettet werden) verteilen. Im Ofen auf der untersten Schiene 18 bis 20 Minuten backen. Aus dem Ofen nehmen, etwas abkühlen lassen und die Muffins aus den Mulden lösen.

Chiapudding mit Tofu und Beeren

vegetarisch

ZUTATEN/PERSON:

- 20 g **Chiasamen** (ersatzweise **Leinsamen**)
- 100 ml ungesüßter **Mandeldrink**
- 60 g **Seidentofu**
- 20 g **Naturjoghurt** (0,1 % Fett)
- 40 g **Beeren** (z.B. Himbeeren, Heidelbeeren oder Brombeeren)
- 5 g geröstete **Sojakerne**

Zubereitungszeit ca. 30 Minuten
Eiweiß 12 g • **Fett** 12 g • **Kohlenhydrate** 6 g
Brennwert ca. 200 kcal

ZUBEREITUNG:

1. Die Chiasamen mit dem Mandeldrink verrühren und 30 Minuten im Kühlschrank ziehen lassen.
2. Den Seidentofu mit einer Gabel fein zerdrücken und mit dem Joghurt verrühren. Die Beeren verlesen, waschen und trocken tupfen.
3. Erst die Chiasamen, dann den Joghurt und zum Schluss die Beeren in ein Glas schichten. Mit den gerösteten Sojakernen bestreuen.

SOOOO CREMIG!

Standard **Detox**

vegetarisch

ZUTATEN/PERSON:

- ½ **Zitrone**
- 30 g **Apfel**
- 50 g junger **Spinat**
- 50 g **Kopfsalat**
- 1 TL **Gerstengraspulver**
- 100 ml **Kefir** (3,5 % Fett)
- ¼ l **Mineralwasser** (still)

Zubereitungszeit ca. 5 Minuten
Eiweiß 5 g • **Fett** 4 g • **Kohlenhydrate** 8 g
Brennwert ca. 100 kcal

ZUBEREITUNG:

1. Die Zitrone so großzügig schälen, dass auch die weiße Haut mitentfernt wird. Den Apfel waschen. Beides in Stücke schneiden. Den Spinat und den Salat verlesen, waschen und trocken schleudern.
2. Die vorbereiteten Zutaten in den Küchenmixer geben. Gerstengraspulver, Kefir und Mineralwasser hinzufügen und fein pürieren. Drink in ein Glas geben und genießen.

Holy **Berries**

vegan

ZUTATEN/PERSON:

- ½ **Limette**
- 4 Stiele **Basilikum**
- 100 g gemischte **Beeren** (tiefgekühlt; leicht angetaut)
- 1 TL **Gojibeeren**
- 1 EL **Acaipulver**
- 200 ml **Mineralwasser** (still)
- 1 EL geschroteter **Leinsamen**

Zubereitungszeit ca. 5 Minuten
Eiweiß 6 g • **Fett** 6 g • **Kohlenhydrate** 14 g
Brennwert ca. 190 kcal

ZUBEREITUNG:

1. Die Limette so großzügig schälen, dass auch die weiße Haut mitentfernt wird. Das Basilikum waschen, trocken tupfen und die Blätter abzupfen.
2. Limette und Basilikum mit Beeren, Gojibeeren, Acaipulver und Mineralwasser in den Küchenmixer geben und fein pürieren. Drink in ein Glas geben, mit Leinsamen bestreuen und genießen.

Mare **Mule**

vegetarisch

Zubereitungszeit ca. 5 Minuten
Eiweiß 14 g • **Fett** 1 g • **Kohlenhydrate** 7 g
Brennwert ca. 90 kcal

ZUBEREITUNG:

1 Die Gurke schälen und in Stücke schneiden. Den Spinat verlesen, waschen und trocken schleudern. Den Dill waschen, trocken tupfen und die Spitzen abzupfen.

2 Gurke, Spinat und Dill mit Quark, Mineralwasser und 1 Prise Meersalz in den Küchenmixer geben und fein pürieren. Drink in ein Glas geben und genießen.

ZUTATEN/PERSON:

- ½ **Salatgurke**
- 100 g junger **Spinat**
- 3 Stiele **Dill**
- 100 g **Magerquark**
- 100 ml **Mineralwasser** (still)
- **Meersalz**

Morning **Glory**

vegetarisch

Zubereitungszeit ca. 5 Minuten
Eiweiß 7 g • **Fett** 4 g • **Kohlenhydrate** 8 g
Brennwert ca. 110 kcal

ZUBEREITUNG:

1 Die Grapefruit so großzügig schälen, dass auch die weiße Haut mitentfernt wird, und in Stücke schneiden. Den Staudensellerie putzen, waschen und in Stücke schneiden. Den Felsalat verlesen, waschen und trocken schleudern.

2 Grapefruit, Staudensellerie, Feldsalat, Chiasamen, Buttermilch und Mineralwasser in den Küchenmixer geben und fein pürieren. Drink in ein Glas geben und genießen.

ZUTATEN/PERSON:

- ¼ **Grapefruit**
- 2 Stangen **Staudensellerie**
- 50 g **Feldsalat**
- 2 TL **Chiasamen**
- 100 g **Buttermilch**
- 200 ml **Mineralwasser** (still)

Zucchiniröllchen mit Schinken und Rucola

ZUTATEN/PERSON:

- 40 g **Kichererbsen** (aus der Dose)
- 1 Msp. abgeriebene unbehandelte **Zitronenschale**
- 1 TL **Zitronensaft**
- 1 Msp. gemahlener **Kreuzkümmel**
- 1 Msp. **Paprikapulver** (edelsüß)
- **Salz** und **Pfeffer**
- 200 g **Zucchini**
- 2–3 EL **Gemüsebrühe**
- 50 g **Rucola**
- 100 g **Kochschinken** (in Scheiben)

Zubereitungszeit ca. 15 Minuten
Eiweiß 28 g • **Fett** 4 g • **Kohlenhydrate** 19 g
Brennwert ca. 190 kcal

ZUBEREITUNG:

1. Kichererbsen kalt abbrausen und abtropfen lassen. Mit Zitronenschale, -saft und Gewürzen fein pürieren. Nach Bedarf etwas Wasser hinzufügen. Zucchini putzen, waschen, längs in dünne Scheiben schneiden und in der Brühe portionsweise 1 Minute andünsten. Mit dem Püree bestreichen.
2. Den Rucola verlesen, waschen und trocken schleudern, grobe Stiele entfernen. Schinken auf die Größe der Zucchini zuschneiden und darauf verteilen. Mit Rucola belegen und aufrollen.

Gurken-**Canapés**

ZUTATEN/PERSON:

- 100 g **Salatgurke**
- 50 g **Magerquark**
- 50 g geräuchertes **Forellenfilet**
- 1 TL **Meerrettich** (aus dem Glas)
- **Salz** und **Pfeffer**
- ¼ Beet **Kresse**

Zubereitungszeit ca. 10 Minuten
Eiweiß 22 g • **Fett** 4 g • **Kohlenhydrate** 5 g
Brennwert ca. 150 kcal

ZUBEREITUNG:

1. Die Gurke waschen und in etwa 3 mm breite Scheiben schneiden. Quark mit Forellenfilet und Meerrettich in einen Rührbecher geben und mit dem Stabmixer fein pürieren. Die Creme mit Salz und Pfeffer würzen.
2. Die Gurkenscheiben auf einen Teller geben und je einen Klecks Quarkcreme daraufgeben. Die Kresse vom Beet schneiden und die Gurken-Canapés damit garnieren (Foto siehe S. 98/99).

Grünkohl-**Chips**

vegan

Zubereitungszeit ca. 5 Minuten (+ ca. 30 Minuten Backzeit und ca. 30 Minuten Abkühlzeit)
Eiweiß 8 g • **Fett** 11 g • **Kohlenhydrate** 3 g
Brennwert ca. 150 kcal

ZUTATEN/PERSON:

- 150 g **Grünkohl**
- 1 EL **Öl**
- **Salz**
- 1–2 TL **Limettensaft**
- 10 g **Nährhefe** (aus dem Bioladen oder Reformhaus)

ZUBEREITUNG:

1. Backofen auf 130 °C vorheizen. Grünkohl waschen und trocken schütteln. Stiele und dicke Blattrippen herausschneiden. Blätter in kleine Stücke schneiden, mit Öl mischen.
2. Restliche Zutaten untermischen und den Kohl auf einem Backblech im Ofen etwa 30 Minuten backen, bis er knusprig ist. Dabei ab und zu wenden. Chips im geöffneten, ausgeschalteten Ofen auskühlen lassen. Sie halten sich in einer Dose bis zu 1 Woche – also am besten einen Vorrat anlegen.

GEWUSST WIE

Bereiten Sie den „Hummus" am besten gleich in doppelter oder dreifacher Menge zu. So lässt er sich leichter pürieren. Er hält sich im Kühlschrank etwa 5 Tage.

Gemüsesticks mit **Sonnenblumen-„Hummus"**

vegetarisch

Zubereitungszeit ca. 15 Minuten
Eiweiß 7 g • **Fett** 11 g • **Kohlenhydrate** 7 g
Brennwert ca. 160 kcal

ZUTATEN/PERSON:

- 1 geh. EL **Sonnenblumenkerne** (ca. 14 g)
- 1 TL **Tahin** (Sesampaste)
- 2 EL **Naturjoghurt** (1,5 % Fett)
- 1 Spritzer **Zitronensaft**
- **Salz**
- gemahlener **Kreuzkümmel**
- 100 g rohes **Gemüse** zum Knabbern (z. B. Möhren, Staudensellerie, Paprikaschote oder Salatgurke)

ZUBEREITUNG:

1. Sonnenblumenkerne, Tahin, Joghurt und Zitronensaft in einen hohen Rührbecher geben und fein pürieren. Mit Salz und 1 Prise Kreuzkümmel würzen und in ein Schälchen füllen.
2. Das Gemüse putzen, waschen bzw. schälen und in mundgerechte Stifte schneiden. Zusammen mit dem Sonnenblumen-„Hummus" anrichten.

Würzige Curry-Mandeln

vegan

ZUTATEN/PERSON:

- ½ TL **Olivenöl**
- 25 g **Mandelkerne** (ohne Haut)
- ½ TL **Currypulver**
- **Salz**

Zubereitungszeit ca. 10 Minuten
Eiweiß 5 g • **Fett** 17 g • **Kohlenhydrate** 1 g
Brennwert ca. 170 kcal

ZUBEREITUNG:

1. Das Olivenöl in einer kleinen beschichteten Pfanne erhitzen. Die Mandelkerne darin etwa 5 Minuten rundum anrösten.
2. Die Mandeln mit dem Currypulver bestäuben und gut unterrühren. Mit etwas Salz würzen, aus der Pfanne nehmen und auskühlen lassen.

GEWUSST WIE

Die Mandeln lassen sich gut in größerer Menge zubereiten. Sobald sie ausgekühlt sind, in eine Blechdose füllen. So halten sie sich mindestens 4 Wochen.

Bloody Buttermilch

vegetarisch

ZUTATEN/PERSON:

- 1 Stange **Staudensellerie**
- 100 g gut gekühlte **Buttermilch**
- 50 ml **Tomatensaft**
- 75 g **Magerquark**
- 1 EL **Olivenöl**
- **Salz** und **Pfeffer**
- **Tabasco** nach Belieben

Zubereitungszeit ca. 5 Minuten
Eiweiß 13 g • **Fett** 11 g • **Kohlenhydrate** 9 g
Brennwert ca. 190 kcal

ZUBEREITUNG:

1. Den Staudensellerie putzen und waschen. Buttermilch, Tomatensaft, Quark und Olivenöl in einem hohen Rührbecher einmal kurz mit dem Stabmixer durchmixen.
2. Den Drink in ein großes Glas geben. Mit Salz, Pfeffer und Tabasco nach Belieben pikant würzen. Die Selleriestange in das Glas stellen und den Drink sofort genießen.

CF
MASON

Harissaquark mit buntem Gemüse

vegetarisch

ZUTATEN/PERSON:

- 200 g **Magerquark**
- 50 g **Naturjoghurt** (0,1 % Fett)
- 1 Schuss **Mineralwasser** (mit Kohlensäure)
- ½ TL **Harissapaste**
- 1 EL gehackte **Petersilie** (oder **Dill**)
- **Salz** und **Pfeffer**
- 15 g geröstete **Sojakerne**
- 50 g **Salatgurke**
- 50 g **Staudensellerie**
- 50 g **rote Paprikaschote**

Zubereitungszeit ca. 10 Minuten
Eiweiß 29 g • **Fett** 5 g • **Kohlenhydrate** 13 g
Brennwert ca. 220 kcal

ZUBEREITUNG:

1. Quark, Joghurt, Mineralwasser, Harissapaste und Petersilie verrühren. Mit Salz und Pfeffer würzen. In ein Schälchen füllen, die Sojakerne grob hacken und darüberstreuen.
2. Das Gemüse putzen, waschen und in schmale Stifte schneiden. Zusammen mit dem Harissaquark anrichten.

Erdnuss-Sellerie

vegan

ZUTATEN/PERSON:

- 100 g **Staudensellerie**
- 15 g ungesüßte **Erdnusscreme**
- 5 g geschälte **Hanfsamen**

Zubereitungszeit ca. 10 Minuten
Eiweiß 8 g • **Fett** 7 g • **Kohlenhydrate** 4 g
Brennwert ca. 120 kcal

ZUBEREITUNG:

1. Den Staudensellerie putzen und waschen. Die Erdnusscreme glatt rühren und in die Vertiefung der Selleriestangen streichen.
2. Die Erdnusscreme mit den Hanfsamen bestreuen. Die Selleriestangen sofort genießen.

!

VEGANES SUPERFOOD

Hanfsamen sind besonders reich an gesunden Fettsäuren, die mit dem ebenfalls ungesättigten Fett aus der Erdnusscreme dem Herz-Kreislauf-System guttun. Zusammen machen sie den kalorienarmen Sellerie zum leichten Sattmacher.

Zucchinipuffer mit Kräuterdip

vegetarisch

Zubereitungszeit ca. 25 Minuten
Eiweiß 22 g • **Fett** 10 g • **Kohlenhydrate** 12 g
Brennwert ca. 255 kcal

ZUBEREITUNG:

1. Die Zucchini putzen, waschen und raspeln. Etwas Salz untermischen und 10 Minuten Wasser ziehen lassen.
2. Für den Dip den Quark mit 1 EL Wasser und den Kräutern verrühren. Mit Salz, Pfeffer, Chiliflakes und Zitronenschale würzen.
3. Die Zucchiniraspel mit den Händen gut ausdrücken. Das Eiweiß und das Mandelmehl unterrühren. Die Masse mit Salz und Pfeffer würzen und zu kleinen Puffern formen.
4. Das Öl in einer beschichteten Pfanne erhitzen und die Puffer darin bei mittlerer Hitze auf beiden Seiten 3 bis 4 Minuten goldbraun braten. Aus der Pfanne nehmen, auf Küchenpapier abtropfen lassen und mit dem Kräuterdip anrichten.

ZUTATEN/PERSON:

- 300 g **Zucchini**
- **Salz**
- 100 g **Magerquark**
- 1–2 EL gehackte gemischte **Kräuter** (z. B. Basilikum, Dill, Kresse und Schnittlauch)
- **Pfeffer**
- **Chiliflakes**
- 1 Msp. abgeriebene unbehandelte **Zitronenschale**
- 1 **Eiweiß** (30 g)
- 20 g **Mandelmehl**
- 1 TL **Sonnenblumenöl**

Thunfisch-Salatwraps mit Wasabicreme

ZUTATEN/PERSON:

- 100 g frisches **Thunfischfilet**
- 1 TL **Sojasauce**
- 40 g **Frischkäse** (0,2 % Fett)
- 1 Msp. **Wasabipaste**
- 1 Msp. geriebener **Ingwer**
- 50 g **Salatgurke**
- 4 **Kopfsalatblätter**

Zubereitungszeit ca. 5 Minuten
Eiweiß 26 g • **Fett** 10 g • **Kohlenhydrate** 2 g
Brennwert ca. 220 kcal

ZUBEREITUNG:

1. Den Thunfisch waschen, trocken tupfen und in feine Würfel schneiden. Mit der Sojasauce in einer Schüssel mischen.
2. Den Frischkäse, die Wasabipaste und den Ingwer in einer weiteren Schüssel verrühren. Die Gurke waschen, längs halbieren, entkernen und in schmale Stifte schneiden.
3. Die Salatblätter waschen, trocken tupfen und mit einem Pfannenboden etwas flach klopfen. Erst mit der Wasabicreme bestreichen, dann jeweils etwas Thunfisch darauf verteilen und einige Gurkenstifte daraufgeben. Die Enden einschlagen und aufrollen. Salatwraps schräg halbieren und sofort genießen oder bis zum Verzehr kühl stellen.

GEWUSST WIE

Statt frischem Thunfischfilet können Sie auch Thunfisch aus der Dose (im eigenen Saft) verwenden. Die Nährwerte ändern sich dann wie folgt: 140 kcal, 30 g Eiweiß, 1 g Fett und 2 g Kohlenhydrate.

Green **Beauty**

vegan

ZUTATEN/PERSON:

- ¼ **Granny-Smith-Apfel** (50 g)
- 50 g **Brennnesseln**
- 50 g junger **Spinat**
- ½ TL **Matchapulver**
- 200 ml **Mineralwasser** (still)
- 1 TL **Kakao-Nibs** (aus dem Reformhaus)

Zubereitungszeit ca. 10 Minuten
Eiweiß 5 g • **Fett** 3 g • **Kohlenhydrate** 7 g
Brennwert ca. 100 kcal

ZUBEREITUNG:

1. Den Apfel waschen und das Kerngehäuse entfernen. Die Brennnesseln waschen, dabei Einmalhandschuhe tragen. Spinat verlesen und waschen. Beides trocken schleudern.
2. Apfel, Brennnesseln, Spinat, Matchapulver und Mineralwasser im Küchenmixer fein pürieren. Drink in ein Glas füllen und mit den Kakao-Nibs bestreuen.

Herbal **Asia**

vegan

ZUTATEN/PERSON:

- ½ **Salatgurke**
- 100 g **Pak Choi**
- 3 Stiele **Minze**
- 3 Stiele **Koriander**
- **Chiliflakes**
- 100 ml **Kokosmilch** (light)
- 100 ml **Mineralwasser** (still)
- 1 TL **helle Sesamsamen** (geröstet)

Zubereitungszeit ca. 10 Minuten
Eiweiß 4 g • **Fett** 12 g • **Kohlenhydrate** 7 g
Brennwert ca. 150 kcal

ZUBEREITUNG:

1. Die Gurke schälen und in Stücke schneiden. Den Pak Choi putzen und waschen. Die Kräuter waschen, trocken schütteln und die Blätter abzupfen.
2. Gurke, Pak Choi und Kräuter mit 1 Prise Chiliflakes, Kokosmilch und Mineralwasser in den Küchenmixer geben und fein pürieren. In ein Glas füllen, mit Sesam bestreuen und genießen.

Aloa He

vegan

Zubereitungszeit ca. 5 Minuten
Eiweiß 1 g • **Fett** 7 g • **Kohlenhydrate** 6 g
Brennwert ca. 92 kcal

ZUTATEN/PERSON:

- ¼ **Apfel** (50 g)
- 1 Kopf **Mini-Romanasalat**
- 80 ml **Aloe-vera-Saft**
- 30 g **Avocadofruchtfleisch**
- ½ TL geriebener **Ingwer**
- 1 TL gemahlene **Kurkuma**

ZUBEREITUNG:

1. Den Apfel waschen und entkernen. Den Salat putzen, waschen und trocken schütteln.
2. Apfel, Salat, Aloe-vera-Saft, Avocado, Ingwer und Kurkuma in den Küchenmixer geben und fein pürieren. Drink in ein Glas füllen und genießen.

!

PIMP YOUR **WATER**

So köstlich – und das bei null Kalorien, denn die Zutaten geben ihr Aroma, aber keinerlei Kalorien ans Wasser ab!

Infused **Water**

vegan

Zubereitungszeit ca. 10 Minuten (+ 30 Min. Ziehzeit)
Eiweiß 0 g • **Fett** 0 g • **Kohlenhydrate** 0 g
Brennwert 0 kcal

ZUTATEN/PERSON:

- 1 unbehandelte **Grapefruit**
- 1 unbehandelte **Zitrone**
- 1 unbehandelte **Limette**
- 1 unbehandelte **Salatgurke**
- 3 cm **Ingwer**
- 2–3 l **Mineralwasser** (still)

ZUBEREITUNG:

1. Grapefruit, Zitrone, Limette und Gurke heiß waschen, trocken tupfen und in dünne Scheiben schneiden. Den Ingwer schälen und in Scheiben schneiden.
2. Die Scheiben mit dem Mineralwasser in eine Karaffe oder Schüssel geben und 30 Minuten ziehen lassen. Das aromatisierte Wasser über den Tag verteilt genießen.

Glücksrollen
mit Tofu und Shrimps

ZUTATEN/PERSON:

- 2 Blätter **Reispapier** (à ca. 22 cm ø)
- 40 g **Tofu**
- 2 **Frühlingszwiebeln**
- 40 g **Mungobohnenprossen**
- 50 g **Salatgurke**
- je 2 Stiele **Minze** und **Koriander**
- 40 g **Shrimps** (vorgegart und geschält)
- 10 g **Ingwer**
- ½ kleine **Knoblauchzehe**
- ¼ **rote Chilischote** (entkernt)
- 1 EL **Sojasauce**
- 1 TL **Sesamöl**
- 1 EL **Gemüsebrühe**

Zubereitungszeit ca. 10 Minuten
Eiweiß 15 g • **Fett** 9 g • **Kohlenhydrate** 7 g
Brennwert ca. 160 kcal

ZUBEREITUNG:

1. Die Reispapierblätter in kaltem Wasser 1 Minute einweichen, gut abtropfen lassen und flach nebeneinander ausbreiten.

2. Den Tofu trocken tupfen und in ½ cm dicke Stifte schneiden. Die Frühlingszwiebeln putzen, waschen und in dünne Ringe schneiden. Die Sprossen waschen und trocken tupfen. Die Gurke schälen und in Stifte schneiden. Die Kräuter waschen, trocken tupfen und die Blätter abzupfen.

3. Das untere Drittel der Reisblätter jeweils mit Tofu, Shrimps, Gemüse und Kräuterblättern belegen, dabei die Ränder frei lassen. Die seitlichen Enden über die Füllung schlagen, dann die Glücksrollen fertig aufrollen und in der Mitte schräg durchschneiden.

4. Für den Dip Ingwer und Knoblauch schälen und mit der Chilischote fein hacken. Die Sojasauce, das Öl und die Brühe verrühren, Ingwer, Knoblauch und Chili unterrühren. Dip mit den Glücksröllchen anrichten.

Abendessen

Zeit für Genuss

Fast geschafft! Der 24STUNDEN**DIÄT**-Tag ist quasi zu Ende – und zum Abschluss gibt es noch was Leckeres auf den Teller: köstliche Gerichte voll hochwertigem Eiweiß, gesunden Fetten und ausgewählten Kohlenhydraten.

Lachsfilet
mit Auberginencreme

ZUTATEN/PERSON:

- ½ **Aubergine** (200 g)
- 50 g **Frischkäse** (0,2 % Fett)
- 1 Msp. geriebener **Knoblauch**
- **Salz** und **Pfeffer**
- 125 g **Lachsfilet** (ohne Haut)
- **Currypulver**
- 100 g **Zucchini**
- 2 EL **Gemüsebrühe**
- 60 g **Brunnenkresse** (oder **Babyspinat**)
- 1 TL **Zitronensaft**
- 1 TL **Rapsöl**

Zubereitungszeit ca. 40 Minuten
Eiweiß 35 g • **Fett** 23 g • **Kohlenhydrate** 9 g
Brennwert ca. 380 kcal

ZUBEREITUNG:

1. Den Backofen auf 220 °C vorheizen. Die Aubergine waschen, putzen, auf ein Backblech legen und im Ofen 20 Minuten garen, bis sie weich ist. Herausnehmen, das Fruchtfleisch herauskratzen und mit dem Frischkäse pürieren. Mit Knoblauch, Salz und Pfeffer würzen.
2. Die Backofentemperatur auf 100 °C herunterschalten und ein Ofengitter auf die mittlere Schiene schieben. Das Lachsfilet waschen und trocken tupfen. Mit Salz, Pfeffer und etwas Currypulver würzen. Auf einen Teller geben, mit Frischhaltefolie bedecken und im Ofen 20 Minuten garen.
3. Die Zucchini putzen, waschen, der Länge halbieren und in ½ cm dicke Scheiben schneiden. In der Brühe 1 bis 2 Minuten dünsten. Mit Salz und Pfeffer würzen.
4. Die Brunnenkresse verlesen, waschen und trocken schleudern. Zitronensaft, Öl, Salz und Pfeffer verrühren und mit der Kresse mischen.
5. Das Lachsfilet in grobe Stücke zupfen und mit Auberginencreme, Zucchini und Brunnenkressesalat anrichten.

!

AUS 1 MACH 2

Die Auberginencreme schmeckt auch morgens als Aufstrich auf Eiweißbrot (Rezept siehe S. 47). Dann einfach die doppelte oder dreifache Menge zubereiten und zugedeckt im Kühlschrank aufbewahren. Sie hält sich 2 Tage.

Zanderfilet
mit Radicchiosalat

ZUTATEN/PERSON:

- 125 g **Zanderfilet** (ohne Haut)
- **Salz** und **Pfeffer**
- **Sumachpulver** (aus dem türkischen Supermarkt)
- 1 TL gehackte **Petersilie**
- ½ **Grapefruit**
- 50 g **Radicchioblätter**
- 100 g junger **Spinat**
- 1 EL **Zitronensaft**
- 1 TL abgeriebene unbehandelte **Zitronenschale**
- 2 TL **Rapsöl**
- **Zimtpulver**
- 2–3 Stiele **Minze**
- 20 g **Granatapfelkerne**

Zubereitungszeit ca. 20 Minuten
Eiweiß 28 g • **Fett** 12 g • **Kohlenhydrate** 11 g
Brennwert ca. 260 kcal

ZUBEREITUNG:

1. Den Backofen auf 100 °C vorheizen und ein Ofengitter auf die mittlere Schiene schieben. Das Zanderfilet waschen und trocken tupfen. Mit Salz, Pfeffer und etwas Sumach würzen. Die Petersilie darauf verteilen, den Fisch auf einen Teller geben, mit Frischhaltefolie bedecken und im Ofen 20 Minuten garen.

2. Die Grapefruit so großzügig schälen, dass auch die weiße Haut mitentfernt wird. Die Filets zwischen den Trennhäuten herauslösen. Den Radicchio und den Spinat verlesen, waschen und trocken schleudern. Den Radicchio in mundgerechte Stücke zupfen. Beides mit den Grapefruitfilets mischen und auf einem Teller anrichten.

3. Für die Marinade Zitronensaft und -schale, Öl sowie je 1 Prise Sumach und Zimt verrühren. Über den Salat geben. Die Minze waschen und trocken tupfen, die Blätter abzupfen und grob zerzupfen. Das Zanderfilet auf dem Salat anrichten und mit Granatapfelkernen und Minze bestreuen.

Thunfisch auf Bohnen-Tomaten-Salat

Zubereitungszeit ca. 15 Minuten
Eiweiß 33 g • **Fett** 18 g • **Kohlenhydrate** 8 g
Brennwert ca. 340 kcal

ZUBEREITUNG:

1. Die Bohnen putzen, waschen und in kochendem Salzwasser 4 bis 5 Minuten blanchieren. Herausnehmen, kalt abschrecken und abtropfen lassen. Dann der Länge nach halbieren. Die Tomaten waschen und ebenfalls halbieren.

2. In einem kleinen Topf 600 bis 800 ml Wasser und den Essig aufkochen. Das Ei in eine Tasse schlagen und dann in das leicht siedende Essigwasser gleiten lassen, dabei vorsichtig das Eiweiß mit zwei Löffeln über das Eigelb ziehen. Dann den Topf vom Herd ziehen und das Ei zugedeckt 5 Minuten pochieren lassen. Mit dem Schaumlöffel herausheben, kurz in eine Schüssel mit kaltem Wasser geben, dann herausnehmen und abtropfen lassen.

3. Den Thunfisch waschen, trocken tupfen und mit Salz und Pfeffer würzen. Eine beschichtete Pfanne erhitzen und den Thunfisch darin auf beiden Seiten etwa 15 Sekunden anbraten. Herausnehmen und in Scheiben schneiden.

4. Den Senf und die Brühe verrühren, Bohnen und Tomaten damit marinieren. Salat mit pochiertem Ei, Thunfischscheiben und grob zerzupftem Basilikum anrichten.

GEWUSST WIE

Statt frischem Thunfisch können Sie auch Thunfisch aus der Dose (im eigenen Saft) nehmen. Die Nährwerte ändern sich dann wie folgt: ca. 260 kcal, 37 g Eiweiß, 9 g Fett und 8 g Kohlenhydrate. Thunfisch aus der Dose wird dann nicht angebraten.

ZUTATEN/PERSON:

- 100 g **grüne Bohnen**
- **Salz**
- 100 g **gelbe** und **rote Cocktailtomaten**
- 3 EL **Weißweinessig**
- 1 **Ei** (Größe M)
- 100 g frisches **Thunfischfilet** (ca. 1 ½ cm dick; siehe Tipp)
- **Pfeffer**
- 1 TL **Dijonsenf**
- 2 EL **Gemüsebrühe**
- einige **Basilikumblätter**

Makrelenfilet mit Zitronen-Fenchel-Salat

ZUTATEN/PERSON:

- 100 g unbehandelte **Zitrone** (Cedrat oder sizilianische)
- 150 g **Fenchel**
- **Salz**
- **Zucker**
- 50 g **Rucola**
- 1 kleine **rote Peperoni**
- 2 TL **Olivenöl**
- 1 EL **Weißweinessig**
- 125 g **Makrelenfilet** (ersatzweise **Forellen-** oder **Saiblingsfilet**)
- **Pfeffer**
- 1 angedrückte **Knoblauchzehe**
- 1 Zweig **Rosmarin**
- 3 Stiele **Basilikum**

Zubereitungszeit ca. 25 Minuten
Eiweiß 28 g • **Fett** 26 g • **Kohlenhydrate** 6 g
Brennwert ca. 380 kcal

ZUBEREITUNG:

1. Die Zitrone heiß waschen, trocken reiben und in dünne Scheiben hobeln oder schneiden. Den Fenchel putzen, waschen und ebenfalls in dünne Scheiben hobeln oder schneiden. Beides mischen. Mit Salz und 1 Prise Zucker würzen und 10 Minuten marinieren.

2. Den Rucola verlesen, waschen und trocken schleudern, grobe Stiele entfernen. Die Peperoni längs halbieren, entkernen, waschen und in feine Streifen schneiden. Den Rucola und die Peperoni unter die Zitronen-Fenchel-Mischung heben. 1 TL Olivenöl und den Essig untermischen.

3. Das Makrelenfilet waschen, trocken tupfen und mit Salz und Pfeffer würzen. Das restliche Olivenöl in einer Pfanne erhitzen und das Filet darin 2 Minuten braten. Wenden, den Knoblauch und den Rosmarin dazugeben und 2 Minuten weiterbraten.

4. Das Basilikum waschen und trocken tupfen, die Blätter abzupfen und grob zerzupfen. Das Makrelenfilet mit dem Zitronen-Fenchel-Salat anrichten und mit Basilikum garnieren.

Heilbutt mit Sesam und Spargel

Zubereitungszeit ca. 25 Minuten
Eiweiß 24 g • **Fett** 24 g • **Kohlenhydrate** 8 g
Brennwert ca. 370 kcal

ZUTATEN/PERSON:

- 125 g **schwarzes Heilbuttfilet** (ohne Haut)
- 1 TL **schwarze Sesamsamen** (5 g)
- **Salz** und **Pfeffer**
- **Chiliflakes**
- 1 EL **Sojasauce**
- 1 EL **Limettensaft**
- 1 TL geriebener **Ingwer**
- 1 TL **Sesamöl**
- 100 g **grüner Spargel**
- 100 g junger **Spinat**
- 50 g **Frühlingszwiebeln**
- 4 EL **Gemüsebrühe**

ZUBEREITUNG:

1. Den Backofen auf 100 °C vorheizen und ein Ofengitter auf die mittlere Schiene schieben. Den Heilbutt waschen und trocken tupfen. Mit dem Sesam bestreuen und mit Salz, Pfeffer und Chiliflakes würzen. Auf einen Teller geben, mit Frischhaltefolie bedecken und im Ofen 20 Minuten garen.

2. Für die Marinade Sojasauce, Limettensaft, Ingwer und Sesamöl verrühren. Den Spargel waschen, im unteren Drittel schälen und die holzigen Enden abschneiden. Die Stangen schräg in ½ cm dicke Scheiben schneiden. Den Spinat verlesen und waschen. Frühlingszwiebeln putzen, waschen und in feine Ringe schneiden. Das Frühlingszwiebelgrün beiseitestellen.

3. Den Spargel, den Spinat und die weißen Zwiebelringe in der Brühe zugedeckt 3 bis 4 Minuten dünsten. Das Gemüse mit dem Fisch anrichten und die Marinade darüberträufeln. Das Frühlingszwiebelgrün darüberstreuen.

GEWUSST WIE

Wenn Sie kein Heilbuttfilet bekommen, können Sie stattdessen auch Kabeljau oder Rotbarsch nehmen.

Stremellachs
mit Gurkengemüse

ZUTATEN/PERSON:

- 100 g **Stremellachs**
- 4 Stiele **Dill**
- 50 g **Naturjoghurt** (0,1 % Fett)
- 1 TL **Meerrettich** (aus dem Glas)
- **Salz** und **Pfeffer**
- **Chiliflakes**
- 200 g **Salatgurke**
- 100 g junger **Spinat**
- 4 EL **Gemüsebrühe**
- frisch geriebene **Muskatnuss**
- ½ TL abgeriebene unbehandelte **Zitronenschale**

Zubereitungszeit ca. 10 Minuten
Eiweiß 27 g • **Fett** 17 g • **Kohlenhydrate** 6 g
Brennwert ca. 290 kcal

ZUBEREITUNG:

1. Den Backofen auf 100 °C vorheizen und ein Ofengitter auf die mittlere Schiene schieben. Den Lachs auf einen Teller geben und im Ofen 10 Minuten erwärmen.
2. Den Dill waschen und trocken tupfen, die Spitzen abzupfen und fein hacken. Joghurt, Dill und Meerrettich verrühren und mit Salz, Pfeffer und Chiliflakes würzen.
3. Die Gurke schälen, der Länge nach halbieren und mit einem Teelöffel entkernen. Die Gurkenhälften in 1 cm breite Stücke schneiden. Spinat verlesen, waschen und trocken schütteln.
4. Die Brühe in einer Pfanne erwärmen und die Gurkenstücke darin 2 bis 3 Minuten dünsten. Den Spinat dazugeben und kurz zusammenfallen lassen. Mit Salz, Pfeffer, Muskatnuss und Zitronenschale würzen.
5. Den Lachs aus dem Ofen nehmen, die Haut entfernen und den Fisch grob zupfen. Mit dem Gurkengemüse und dem Joghurtdip auf einem Teller anrichten.

Kabeljau mit Sojabohnen und Tomaten

Zubereitungszeit ca. 20 Minuten
Eiweiß 37 g • **Fett** 10 g • **Kohlenhydrate** 15 g
Brennwert ca. 300 kcal

ZUBEREITUNG:

1. Den Backofen auf 100 °C vorheizen und ein Ofengitter auf die mittlere Schiene schieben. Den Kabeljau waschen und trocken tupfen. Mit Salz, Pfeffer und ½ TL Limettenschale würzen. Auf einen Teller geben, mit Frischhaltefolie bedecken und im Ofen 20 Minuten garen.
2. Die Tomaten waschen und halbieren. Den Knoblauch schälen und fein reiben. Frische Sojabohnen waschen. Alles in der Brühe 2 bis 3 Minuten dünsten.
3. Für die Vinaigrette Sojasauce, Reisessig, Ingwer, restliche Limettenschale und -saft verrühren. Den Kabeljau und das Gemüse auf einem Teller anrichten und mit der Marinade beträufeln. Mit Schnittlauch und Sesam bestreuen.

ZUTATEN/PERSON:

- 125 g **Kabeljaurücken**
- **Salz** und **Pfeffer**
- 1 TL abgeriebene unbehandelte **Limettenschale**
- 100 g **Cocktailtomaten**
- ½ **Knoblauchzehe**
- 100 g **Edamame** (Sojabohnen; frisch oder tiefgekühlt und aufgetaut)
- 2 EL **Gemüsebrühe**
- 1 EL **Sojasauce**
- 1 EL **Reisessig**
- 1 TL geriebener **Ingwer**
- 1 TL **Limettensaft**
- 1 EL **Schnittlauchröllchen** (oder gehackter **Koriander**)
- 1 TL **Sesamsamen** (geröstet)

Kräuterkabeljau mit Quinoa

ZUTATEN/PERSON:

- 150 g **Kabeljaurücken**
- **Salz** und **Pfeffer**
- **Chiliflakes**
- 1 kleines Bund gemischte **Kräuter** (z. B. Basilikum, Petersilie, Dill, Schnittlauch)
- 1 TL grober **Senf**
- 10 g **Quinoa** (doppelte Menge kochen für Gemüsepfanne mit Quinoa am nächsten Tag; siehe S. 132)
- 100 g **grüner Spargel**
- 100 g **Kohlrabi**
- 3 EL **Gemüsebrühe**
- 30 g **Nordseekrabbenfleisch** (vorgegart)
- 40 g **saure Sahne** (10 % Fett)
- 1 Msp. abgeriebene unbehandelte **Zitronenschale**
- 1 TL **Zitronensaft**

Zubereitungszeit ca. 25 Minuten
Eiweiß 37 g • **Fett** 8 g • **Kohlenhydrate** 13 g
Brennwert ca. 270 kcal

ZUBEREITUNG:

1. Den Backofen auf 100 °C vorheizen und ein Ofengitter auf die mittlere Schiene schieben. Den Kabeljau waschen und trocken tupfen. Mit Salz, Pfeffer und Chiliflakes würzen.
2. Die Kräuter waschen und trocken schütteln, Blätter abzupfen und die Hälfte davon fein hacken. Fisch mit dem Senf bestreichen und mit den gehackten Kräutern bestreuen. Auf einen Teller geben, mit Frischhaltefolie bedecken und im Ofen 20 Minuten garen.
3. Die Quinoa in einem feinen Sieb kalt abspülen und nach Packungsanweisung in Salzwasser garen, kalt abschrecken und die Hälfte für die Gemüsepfanne mit Quinoa und Tofu (siehe S. 132) aufbewahren.
4. Den Spargel waschen, im unteren Drittel schälen und die holzigen Enden abschneiden. Stangen schräg in dünne Scheiben schneiden. Den Kohlrabi schälen und in kleine Würfel schneiden.
5. Das Gemüse in der Brühe zugedeckt 2 bis 3 Minuten bissfest dünsten. Quinoa und Krabben dazugeben und erwärmen. Mit Salz und Pfeffer würzen.
6. Die saure Sahne mit Zitronenschale und -saft verrühren und mit Salz, Pfeffer und Chiliflakes würzen. Quinoa-Gemüse mit dem Kräuterkabeljau und dem Dip anrichten und mit den restlichen Kräuterblättern bestreuen (im Foto vorne).

Gemüsepfanne mit Quinoa und Tofu

vegetarisch

ZUTATEN/PERSON:

- 60 g **Brokkoli**
- **Salz**
- 60 g **Zucchini**
- 60 g **Champignons**
- 100 g **Räuchertofu**
- 5 EL **Gemüsebrühe**
- 10 g gekochte **Quinoa** (vom Vortag; s. Seite 130)
- 30 g **Magerquark**
- 1 TL **Meerrettich** (aus dem Glas)
- 1 EL **Schnittlauchröllchen**

Zubereitungszeit ca. 25 Minuten
Eiweiß 22 g • **Fett** 10 g • **Kohlenhydrate** 11 g
Brennwert ca. 230 kcal

ZUBEREITUNG:

1. Den Brokkoli putzen, waschen und in kleine Röschen teilen. In kochendem Salzwasser 1 bis 2 Minuten bissfest garen. In ein Sieb abgießen und kalt abschrecken.
2. Die Zucchini putzen, waschen und in kleine Würfel schneiden. Die Champignons putzen und je nach Größe halbieren oder vierteln. Den Tofu in 1 cm große Würfel schneiden.
3. In einer Pfanne 4 EL Brühe erhitzen und das Gemüse darin zugedeckt bei mittlerer Hitze 3 bis 4 Minuten dünsten. Den Tofu und die Quinoa dazugeben und erwärmen. Mit Salz und Pfeffer würzen und auf einem Teller anrichten.
4. Die restliche Brühe mit Quark, Meerrettich und Schnittlauch verrühren und den Dip danebensetzen (Foto siehe S. 131).

GESCHMACKS-FRAGE

Wer kein Fan von Meerrettich ist, kann den Schnittlauchdip auch mit Dijonsenf verfeinern.

Blumenkohl-Curry mit Tofu

vegan

Zubereitungszeit ca. 15 Minuten
Eiweiß 26 g • **Fett** 18 g • **Kohlenhydrate** 12 g
Brennwert ca. 320 kcal

ZUTATEN/PERSON:

- 100 g **Blumenkohl**
- 100 g **Lauch**
- 100 g **Tomaten**
- 150 g **Tofu**
- 50 ml **Kokosmilch** (light)
- 150 ml **Gemüsebrühe**
- 1 TL geriebener **Ingwer**
- 1 EL **Limettensaft**
- **Salz** und **Pfeffer**
- **Currypulver**
- **Garam Masala**
- 1 EL gehackte **Kräuter** (z.B. Koriander, Petersilie oder Schnittlauch)
- 1 EL geröstete **Sojakerne**

ZUBEREITUNG:

1. Blumenkohl putzen, waschen und in kleine Röschen teilen. Den Lauch putzen, der Länge nach halbieren, waschen und in 1 cm breite Stücke schneiden. Die Tomaten waschen und in Scheiben schneiden, dabei den Stielansatz entfernen. Die Tomatenscheiben in kleine Würfel schneiden. Tofu trocken tupfen und in 1½ cm große Stücke schneiden.

2. Kokosmilch, Brühe, Ingwer und Limettensaft in einem Topf aufkochen. Das Gemüse und den Tofu darin zugedeckt 7 bis 8 Minuten garen. Mit Salz, Pfeffer, Curry und Garam Masala würzen.

3. Das Curry in einem tiefen Teller anrichten und mit Kräutern und Sojakernen bestreuen.

SO SCHNELL GEHT LECKER!

Tomaten-Gazpacho mit Melone und Garnelen

ZUTATEN/PERSON:

- 250 g reife **Tomaten**
- 100 g **Wassermelone**
- 50 g **rote Paprikaschote**
- Mark von ½ **Vanilleschote**
- 1 TL **Weißweinessig**
- 4 EL **Gemüsebrühe**
- **Salz** und **Pfeffer**
- **Chiliflakes**
- 2 TL **Olivenöl**
- 150 g **Garnelen** (vorgegart und geschält)
- ½ TL geriebener **Ingwer**
- ½ TL abgeriebene unbehandelte **Zitronenschale**
- 3 Stiele **Basilikum**

Zubereitungszeit ca. 20 Minuten
Eiweiß 31 g • **Fett** 13 g • **Kohlenhydrate** 14 g
Brennwert ca. 290 kcal

ZUBEREITUNG:

1. Die Tomaten kreuzweise einritzen, überbrühen, häuten, vierteln und entkernen. Die Melone und die Paprika schälen, entkernen und in Stücke schneiden. Alles mit der Hälfte des Vanillemarks, dem Essig und der Brühe fein pürieren. Mit Salz, Pfeffer und Chiliflakes würzen.

2. Das Olivenöl in einer beschichteten Pfanne erhitzen und die Garnelen darin auf beiden Seiten 1 bis 2 Minuten braten. Mit dem restlichen Vanillemark, Ingwer, Zitronenschale, Salz, Pfeffer und Chiliflakes würzen.

3. Das Basilikum waschen und trocken tupfen, die Blätter abzupfen und in feine Streifen schneiden. Die Gazpacho mit den Garnelen in einem tiefen Teller anrichten und mit dem Basilikum bestreuen.

Geflügeltopf
mit Gemüse und Sprossen

Zubereitungszeit ca. 15 Minuten
Eiweiß 38 g • **Fett** 5 g • **Kohlenhydrate** 13 g
Brennwert ca. 270 kcal

ZUBEREITUNG:

1. Den Brokkoli putzen, waschen und in kleine Röschen teilen. Den Kohlrabi schälen und in dünne Spalten schneiden. Die Sprossen und ggf. die Sojabohnen waschen. Das Hähnchenbrustfilet waschen, trocken tupfen und in 1 cm breite Streifen schneiden.
2. Die Brühe aufkochen. Den Brokkoli und den Kohlrabi darin 1 Minute garen. Die Hähnchenbrust, die Sprossen und die Sojabohnen dazugeben, aufkochen und 2 bis 3 Minuten gar ziehen lassen.
3. Die Frühlingszwiebel putzen, waschen und in feine Ringe schneiden. Mit Limettensaft und Sojasauce würzen. Den Geflügeltopf in einem tiefen Teller anrichten. Die Kräuterblätter grob hacken und mit der Frühlingszwiebel über die Suppe streuen.

ZUTATEN/PERSON:

- 50 g **Brokkoli**
- 50 g **Kohlrabi**
- 50 g **Mungobohnensprossen**
- 50 g **Edamame** (Sojabohnen; frisch oder tiefgekühlt und aufgetaut)
- 125 g **Hähnchenbrustfilet**
- 400 ml **Hühnerbrühe**
- 1 **Frühlingszwiebel**
- 1 EL **Limettensaft**
- 1 EL **Sojasauce**
- einige **Kräuterblätter** (z.B. Koriander, Minze oder Thaibasilikum)

Tandoori-Hähnchen mit Blumenkohl-„Couscous"

ZUTATEN/PERSON:

- 125 g **Hähnchenbrustfilet**
- **Salz** und **Pfeffer**
- 1 TL **Olivenöl**
- ½ TL **Tandoori-Paste**
- 4 Stiele **Minze**
- 50 g **Naturjoghurt** (0,1 % Fett)
- ½ TL gemahlener **Kreuzkümmel**
- ca. 250 g **Blumenkohl**
- 4 EL **Gemüsebrühe**
- ½ TL abgeriebene unbehandelte **Zitronenschale**

Zubereitungszeit ca. 25 Minuten
Eiweiß 37 g • **Fett** 7 g • **Kohlenhydrate** 10 g
Brennwert ca. 260 kcal

ZUBEREITUNG:

1. Den Backofen auf 100 °C vorheizen und ein Ofengitter auf die mittlere Schiene schieben. Hähnchenbrust waschen, trocken tupfen und mit Salz und Pfeffer würzen. Olivenöl in einer beschichteten ofenfesten Pfanne erhitzen und das Fleisch darin auf beiden Seiten 1 Minute gut anbraten. Herausnehmen. Öl mit Küchenpapier aus der Pfanne entfernen.
2. Die Tandoori-Paste mit 1 EL Wasser verrühren und die Hähnchenbrust damit einreiben. Wieder in die Pfanne legen und im Ofen 20 bis 25 Minuten garen.
3. Die Minze waschen und trocken tupfen, die Blätter abzupfen und fein hacken. Mit dem Joghurt verrühren. Mit Salz, Pfeffer und Kreuzkümmel würzen.
4. Den Blumenkohl putzen, waschen und auf der Gemüsereibe bis zum Strunk fein reiben (es sollen sich etwa 200 g ergeben). Den Blumenkohl-„Couscous" in der Brühe 3 bis 4 Minuten dünsten. Mit Salz, Pfeffer und Zitronenschale würzen. Die Hähnchenbrust aus der Pfanne nehmen, in Scheiben schneiden und mit „Couscous" und Minzjoghurt anrichten.

Garnelenpflanzerl
mit Kohlrabigemüse

ZUTATEN/PERSON:

- 60g **Hähnchenbrustfilet**
- 60g **Garnelen** (vorgegart und geschält)
- ½ **Eiweiß** (15g)
- 1 TL **Dijonsenf**
- 10g **Sojaflocken**
- ½ TL abgeriebene unbehandelte **Zitronenschale**
- **Salz** und **Pfeffer**
- **Chiliflakes**
- 200g **Kohlrabi**
- 4 EL **Gemüsebrühe**
- 1 TL **Rapsöl**
- ½ TL gehackter **Estragon**
- 10g **Frischkäse** (0,2% Fett)
- 1 unbehandelte **Zitronenspalte**

Zubereitungszeit ca. 20 Minuten
Eiweiß 33g • **Fett** 9g • **Kohlenhydrate** 8g
Brennwert ca. 240 kcal

ZUBEREITUNG:

1. Das Hähnchenbrustfilet waschen, trocken tupfen und ebenso wie die Garnelen in Würfel schneiden. Mit Eiweiß, Senf, Sojaflocken und Zitronenschale im Blitzhacker fein zerkleinern. Die Masse in eine Schüssel geben und mit Salz, Pfeffer und Chiliflakes würzen. Mit angefeuchteten Händen daraus 1½ cm dicke Pflanzerl formen.
2. Den Kohlrabi putzen, schälen und in 1 cm dicke Stifte schneiden. Die Brühe erhitzen und den Kohlrabi darin zugedeckt 7 bis 8 Minuten dünsten.
3. Das Öl in einer beschichteten Pfanne erhitzen und die Pflanzerl darin bei schwacher Hitze auf beiden Seiten je 2 Minuten braten. Herausnehmen und auf Küchenpapier abtropfen lassen.
4. Estragon und Frischkäse unter das Kohlrabigemüse rühren. Mit Salz, Pfeffer und Chiliflakes würzen. Die Garnelenpflanzerl mit Kohlrabigemüse und Zitrone anrichten.

Putenschinken-Wrap
mit Currylinsen-Creme

Zubereitungszeit ca. 15 Minuten
Eiweiß 33 g • **Fett** 13 g • **Kohlenhydrate** 6 g
Brennwert ca. 280 kcal

ZUBEREITUNG:

1. Die Eiweiße und das Ei verquirlen. Mit Salz, Pfeffer und Chiliflakes würzen. Eine beschichtete Pfanne (22 cm ø) erhitzen und das Öl darin mit einem Pinsel verstreichen.
2. Die Eiermasse in der Pfanne bei schwacher Hitze 3 bis 4 Minuten wie ein Omelett stocken lassen. Aus der Pfanne nehmen und abkühlen lassen.
3. Die Linsen in ein Sieb geben, mit kaltem Wasser abspülen und abtropfen lassen. Mit Frischkäse, Currypulver und Senf verrühren und mit Salz und Pfeffer würzen.
4. Den Kopfsalat waschen, trocken tupfen und in Streifen schneiden. Die Sprossen waschen und trocken tupfen.
5. „Tortilla" mit der Currylinsen-Creme bestreichen, mit Schinken, Salat, Sprossen und Kräutern belegen und aufrollen.

GEWUSST WIE

Die Currylinsen-Creme kann man im Kühlschrank wunderbar 1 bis 2 Tage aufbewahren, es lohnt sich also, gleich die doppelte Menge zuzubereiten.

ZUTATEN/PERSON:

- 2 **Eiweiß** (60 g)
- 1 **Ei** (50 g)
- **Salz** und **Pfeffer**
- **Chiliflakes**
- 1 TL **Sonnenblumenöl**
- 20 g **braune Linsen** (aus der Dose)
- 40 g **Frischkäse** (0,2 % Fett)
- ½ TL **Currypulver**
- ½ TL **Dijonsenf**
- 2 Blätter **Kopfsalat**
- 20 g **Sprossen** (z. B. Alfalfa-, Radieschen- oder Rote-Bete-Sprossen)
- 50 g geräucherter **Putenschinken** (in dünnen Scheiben)
- 4–5 **Kräuterblätter** (z. B. Basilikum, Koriander, Dill, Brunnenkresse)

Rinderfilet
mit grünen Bohnen

ZUTATEN/PERSON:

- 2 **Rinderfilets** (à 125 g, ca. 1½ cm dick; ein Rinderfilet für die Filet-Röllchen, siehe S. 142, verwenden)
- **Salz** und **Pfeffer**
- 1 TL **Öl**
- 100 g **grüne Bohnen**
- 50 g **Radieschen**
- 40 g **Brunnenkresse** (ersatzweise junger **Spinat**)
- 1 TL **Djionsenf**
- 1 EL **Naturjoghurt** (0,1 % Fett)
- 2 EL **Gemüsebrühe**
- 1 TL **Weißweinessig**
- ½ TL gehackter **Estragon** (oder **Schnittlauchröllchen**)

Zubereitungszeit ca. 25 Minuten
Eiweiß 32 g • **Fett** 13 g • **Kohlenhydrate** 8 g
Brennwert ca. 290 kcal

ZUBEREITUNG:

1. Den Backofen auf 100 °C vorheizen. Ein Ofengitter auf die mittlere Schiene und darunter ein Abtropfblech schieben. Die Rinderfilets mit Salz und Pfeffer würzen.
2. Das Öl in einer beschichteten Pfanne erhitzen und das Fleisch darin auf beiden Seiten 1 Minute scharf anbraten. Herausnehmen, mit Küchenpapier abtupfen und auf dem Gitter im Ofen 15 bis 20 Minuten gar ziehen lassen.
3. Die Bohnen putzen, waschen und in kochendem Salzwasser 3 bis 4 Minuten bissfest garen. Abgießen und kalt abschrecken. Die Bohnen der Länge nach halbieren.
4. Die Radieschen putzen, waschen und in dünne Scheiben schneiden oder vierteln. Die Brunnenkresse waschen, trocken schleudern und die Blätter grob zerzupfen.
5. Für die Marinade Senf, Joghurt, Brühe, Essig und Estragon verrühren. Mit Salz und Pfeffer würzen. Ein Rinderfilet sehr dünn aufschneiden (das zweite für die Filet-Röllchen am nächsten Tag kühl stellen).
6. Bohnen und Radieschen mit der Marinade mischen und mit dem Rinderfilet und der Brunnenkresse anrichten.

EIWEISSPOWER VOM FEINSTEN!

Filet-Röllchen
mit grünem Spargel

ZUTATEN/PERSON:

- 125 g gegartes **Rinderfilet** (siehe Rezept „Rinderfilet mit grünen Bohnen", S. 140)
- 200 g **grüner Spargel** (nicht zu dick)
- **Salz** und **Pfeffer**
- 30 g **Magerquark**
- 30 g **Frischkäse** (0,2 % Fett)
- ½ TL **Dijonsenf**
- 4–5 Stiele gemischte **Kräuter** (z. B. Estragon, Basilikum, Gartenkresse, Dill)

Zubereitungszeit ca. 10 Minuten
Eiweiß 36 g • **Fett** 9 g • **Kohlenhydrate** 7 g
Brennwert ca. 250 kcal

ZUBEREITUNG:

1. Das Rinderfilet längs in dünne Scheiben schneiden. Den Spargel waschen, im unteren Drittel schälen und die holzigen Enden abschneiden.
2. Den Spargel in einer Grillpfanne oder beschichteten Pfanne ohne Fett 4 bis 5 Minuten rösten. Mit Salz und Pfeffer würzen. Die Spargelstangen schräg halbieren.
3. Den Quark, den Frischkäse und den Senf verrühren. Mit Salz und Pfeffer würzen. Die Kräuter waschen und trocken tupfen, die Blätter abzupfen. Einige Blätter beiseitelegen, den Rest fein hacken und unter den Quark rühren.
4. Filetscheiben mit dem Dip bestreichen und mit je 2 Spargelstücken belegen. Aufrollen, Röllchen auf einem Teller anrichten und mit den restlichen Kräutern bestreuen.

FÜR EILIGE

Wen es schnell gehen soll, können Sie auch 125 g fertigen Roastbeef-Aufschnitt verwenden.

Kasseler
mit Apfelkraut

Zubereitungszeit ca. 15 Minuten
Eiweiß 29 g • **Fett** 11 g • **Kohlenhydrate** 13 g
Brennwert ca. 270 kcal

ZUBEREITUNG:

1 Apfel waschen, entkernen und in kleine Würfel schneiden. Zwiebel schälen und in feine Streifen schneiden. Beides mit der Brühe aufkochen. Sauerkraut und Senf unterrühren und kurz erwärmen. Mit Salz, Pfeffer und Kümmel würzen.

2 Das Kasseler darauflegen und zugedeckt 3 bis 4 Minuten garen, dann mit dem Apfelkraut auf einem Teller anrichten. Den Pumpernickel fein hacken und mit der Petersilie über das Kasseler streuen.

ZUTATEN/PERSON:

- ½ kleiner **Apfel** (50 g)
- ½ kleine **Zwiebel** (30 g)
- 4 EL **Gemüsebrühe**
- 100 g mildes **Weinsauerkraut**
- 1 TL **Dijonsenf**
- **Salz** und **Pfeffer**
- gemahlener **Kümmel**
- 125 g **Kasselerrücken** (leicht durchwachsen)
- 10 g **Pumpernickel**
- 1 EL gehackte **Petersilie**

Rindersteak
mit Riesengarnele und Spinat

Zubereitungszeit ca. 20 Minuten
Eiweiß 37 g • **Fett** 13 g • **Kohlenhydrate** 2 g
Brennwert ca. 290 kcal

ZUBEREITUNG:

1 Backofen auf 100 °C vorheizen. Ein Ofengitter auf die mittlere Schiene und darunter ein Abtropfblech schieben. Filet und Garnele mit Salz, Pfeffer, Chiliflakes und Zitronenschale würzen. Olivenöl in einer beschichteten Pfanne erhitzen. Fleisch und Garnele darin auf beiden Seiten scharf anbraten, dann auf dem Gitter im Ofen 15 bis 20 Minuten gar ziehen lassen.

2 Spinat verlesen, waschen und trocken schleudern. Tomaten waschen, halbieren und mit Spinat in der Brühe 1 Minute dünsten. Mit Salz und Pfeffer würzen. Steak und Garnele auf dem Gemüse anrichten und mit Schnittlauch bestreuen.

ZUTATEN/PERSON:

- 125 g **Rinderfilet**
- 1 **Riesengarnele** (20 g geschält)
- **Salz** und **Pfeffer**
- **Chiliflakes**
- 1 Msp. abgeriebene unbehandelte **Zitronenschale**
- 1 TL **Olivenöl**
- 150 g junger **Spinat**
- 50 g **Cocktailtomaten**
- 3 EL **Gemüsebrühe**
- 1 EL **Schnittlauchröllchen**

Portobello-Burger mit Rinderfilet

ZUTATEN/PERSON:

- 2 **Portobellopilze** (Riesenchampignons)
- 4 EL **Gemüsebrühe**
- 2 Zweige **Thymian**
- 100 g **Rinderfilet** (1 cm dick)
- **Salz** und **Pfeffer**
- 1 TL **Olivenöl**
- 50 g **Frischkäse** (0,2 % Fett)
- 1 TL **Harissapaste**
- 2 **Salatblätter** (z. B. Kopfsalat, Lollo bianco)
- 20 g **Sprossen** (z. B. Alfalfa-, Radieschen- oder Spargelsprossen)
- 1 **Tomatenscheibe** (50 g)

Zubereitungszeit ca. 15 Minuten
Eiweiß 35 g • **Fett** 12 g • **Kohlenhydrate** 6 g
Brennwert ca. 290 kcal

ZUBEREITUNG:

1. Die Pilze waschen, trocken tupfen und die Stiele entfernen. Die Brühe und den Thymian in einer Pfanne erhitzen und die Pilze darin zugedeckt 2 Minuten dünsten. Aus der Pfanne nehmen und mit Küchenpapier trocken tupfen.
2. Das Rinderfilet und die Pilzköpfe mit Salz und Pfeffer würzen. Das Olivenöl in einer beschichteten Pfanne erhitzen. Das Rinderfilet und die Pilzköpfe darin auf beiden Seiten 1 Minute braten.
3. Den Frischkäse mit der Harissapaste verrühren. Den Salat und die Sprossen waschen und trocken tupfen. Alle Zutaten zu einem Burger zusammensetzen.

!

SCHARFMACHER

Man kann den Frischkäse auch mit Wasabi, geriebenem Ingwer und Limettensaft würzen.

Für Gäste

Feines für besondere Anlässe

Wer sagt, dass sich Diät und Genuss ausschließen? Auch während der 24STUNDEN**DIÄT** brauchen Sie nicht auf geselliges Beisammensein verzichten. Mit diesen Rezepten (alle für 4 Personen) kommen sowohl Ihre Gäste als auch Sie auf Ihre kulinarischen Kosten!

Lauwarmer Salat mit **Kokos-Garnelen**

ZUTATEN/4 PERSONEN:

- 350 g **Blumenkohl**
- 350 g **grüner Spargel**
- 8 **Frühlingszwiebeln** (160 g)
- 400 g **Romanasalatherzen**
- **Salz**
- 2 Stängel **Zitronengras**
- 200 ml **Kokosmilch** (light)
- 600 g kleine **Garnelen** (vorgegart und geschält; oder **Jakobsmuscheln**)
- **Pfeffer**
- **Chiliflakes**
- 1 TL abgeriebene unbehandelte **Limettenschale**
- 2 EL **Limettensaft**
- 3–4 EL grob gehackte **Kräuter** (z. B. Koriander, Minze oder Basilikum)

Zubereitungszeit ca. 35 Minuten
Eiweiß 23 g • **Fett** 7 g • **Kohlenhydrate** 10 g
Brennwert ca. 200 kcal (pro Person)

ZUBEREITUNG:

1. Blumenkohl putzen, waschen und erst in Röschen teilen, dann in 3 mm dicke Scheiben schneiden. Spargel waschen, im unteren Drittel schälen und die holzigen Enden abschneiden. Stangen schräg in 3 mm dicke Scheiben schneiden. Frühlingszwiebeln putzen, waschen und in feine Ringe schneiden. Den grünen Teil der Ringe beiseitelegen. Salat putzen, waschen, trocken schütteln und grob zerteilen.

2. Blumenkohl und Spargel in kochendem Salzwasser 1 Minute bissfest garen. Abgießen, abtropfen lassen und mit Salat und weißen Frühlingszwiebelringen in eine Schüssel geben.

3. Vom Zitronengras die welken Außenblätter und die obere, trockene Hälfte entfernen, die untere Hälfte waschen und fein hacken. Mit der Kokosmilch in einem Topf aufkochen und die Garnelen darin bei schwacher Hitze zugedeckt 2 bis 3 Minuten garen. Mit Salz, Pfeffer und Chiliflakes würzen. Zu dem Salat geben und mit Limettenschale und -saft, Salz und Pfeffer würzen. Salat mit den grünen Frühlingszwiebelringen und den Kräutern bestreut servieren.

Französische **Fischsuppe**

ZUTATEN/4 PERSONEN:

- 1 **Fenchelknolle** (250 g)
- 250 g **Staudensellerie**
- 250 g **Cocktailtomaten**
- 2 **Knoblauchzehen**
- 400 g **Kabeljaurücken**
- 200 g **Miesmuscheln**
- 200 g **Jakobsmuschelfleisch**
- 1,2 l **Gemüsebrühe**
- 0,1 g **Safranpulver**
- je ½ TL **Curry-** und **Paprikapulver** (edelsüß)
- 200 g **Garnelen** (vorgegart und geschält)
- **Salz** und **Pfeffer**
- **Chiliflakes**
- 1 Bund **Petersilie** (ca. 40 g)
- 4 TL **Olivenöl**

Zubereitungszeit ca. 40 Minuten
Eiweiß 35 g • **Fett** 7 g • **Kohlenhydrate** 8 g
Brennwert ca. 250 kcal (pro Person)

ZUBEREITUNG:

1. Fenchel putzen, waschen, halbieren und den harten Strunk entfernen. Fenchel in dünne Streifen schneiden. Staudensellerie putzen, waschen und schräg in dünne Scheiben schneiden. Tomaten wascnen und halbieren. Knoblauch schälen und in feine Würfel schneiden.
2. Kabeljau waschen, trocken tupfen und in 2 cm große Stücke schneiden. Miesmuscheln waschen, die geöffneten Exemplare entfernen. Jakobsmuscheln waagerecht halbieren.
3. Brühe in einem Topf mit Safran, Curry und Paprikapulver aufkochen. Erst Gemüse und Knoblauch, dann Kabeljau, Garnelen und Miesmuscheln hinzufügen.
4. Mit Salz, Pfeffer und Chiliflakes würzen und zugedeckt bei mittlerer Hitze 8 bis 10 Minuten garen, bis sich die Miesmuscheln geöffnet haben. Nach etwa 6 Minuten Garzeit die Jakobsmuscheln dazugeben.
5. Petersilie waschen und trocken schütteln, die Blätter abzupfen und grob hacken. Fischsuppe in tiefen Tellern anrichten, mit Petersilie bestreuen und mit Olivenöl beträufelt servieren.

Schellfischfilet
mit Kohlrabigemüse

Zubereitungszeit ca. 40 Minuten
Eiweiß 38 g • **Fett** 1 g • **Kohlenhydrate** 7 g
Brennwert ca. 210 kcal (pro Person)

ZUTATEN/4 PERSONEN:

- 4 **Schellfischfilets** (à 175 g)
- **Salz** und **Pfeffer**
- **Chiliflakes**
- 280 ml **Gemüsebrühe**
- 2 TL **gelbe Senfkörner**
- 1 kg **Kohlrabi**
- 2 TL **Dijonsenf**
- 100 g **Frischkäse** (0,2 % Fett)
- 1 EL **Zitronensaft**
- 1 Bund **Dill**

ZUBEREITUNG:

1. Fischfilets waschen und trocken tupfen. Mit Salz, Pfeffer und Chiliflakes würzen. In einem flachen Topf 200 ml Brühe mit den Senfkörnern aufkochen. Die Fischfilets hineinlegen und zugedeckt bei schwacher Hitze 4 bis 5 Minuten ziehen lassen.
2. Backofen auf 80 °C vorheizen. Kohlrabi putzen, schälen, halbieren und in ½ cm dicke Spalten schneiden. In einem Topf in der restlichen Brühe zugedeckt 6 bis 7 Minuten dünsten.
3. Filets vorsichtig aus der Brühe heben, auf einen Teller geben und im Ofen warm halten. Brühe etwa 5 Minuten etwas einköcheln lassen. Dann Senf und Frischkäse unterrühren, mit Salz, Pfeffer und Zitronensaft würzen.
4. Den Dill waschen und trocken tupfen, Spitzen abzupfen und einige davon beiseitelegen. Den Rest fein hacken und unter die Sauce rühren.
5. Fischfilets mit Kohlrabigemüse auf Tellern anrichten. Mit der Sauce beträufeln und mit Dillspitzen bestreut servieren.

GEWUSST WIE

Statt Schellfischfilets können Sie auch Kabeljau- oder Rotbarschfilets verwenden.

Schollenpäckchen mit Lauch

ZUTATEN/4 PERSONEN:

- 4 **Schollenfilets** (à 150 g)
- 400 g **Lauch**
- 8 EL **Gemüsebrühe**
- 40 g **Frischkäse** (0,2 % Fett)
- **Salz** und **Pfeffer**
- **Chiliflakes**
- ½ TL **Currypulver**
- ½ TL abgeriebene unbehandelte **Zitronenschale**
- 100 g **Nordseekrabbenfleisch** (vorgegart)
- 600 g **Mairübchen** (oder **Kohlrabi**)
- ½ Bund **Kräuter** (z. B. Dill, Petersilie oder Basilikum)
- 4 unbehandelte **Zitronenspalten**

Zubereitungszeit ca. 40 Minuten
Eiweiß 34 g • **Fett** 4 g • **Kohlenhydrate** 8 g
Brennwert ca. 200 kcal (pro Person)

ZUBEREITUNG:

1. Backofen auf 100 °C vorheizen, Ofengitter auf die mittlere Schiene schieben. Filets waschen und trocken tupfen.

2. Lauch putzen, längs halbieren und waschen. 8 lange Lauchblätter in kochendem Wasser 30 Sekunden blanchieren und kalt abschrecken. Restlichen Lauch in feine Ringe schneiden und in 4 EL Brühe zugedeckt 3 bis 4 Minuten dünsten. Frischkäse unterrühren, mit Salz, Pfeffer, Chiliflakes, Curry und Zitronenschale würzen. Krabben dazugeben und beiseitestellen.

3. Je 2 Lauchblätter über Kreuz legen, je 1 Filet darauflegen und mit Salz würzen. Lauch-Krabben-Füllung auf der schmalen Seite verteilen, breite Seite darüberschlagen und Lauchenden wie ein Paket zusammenbinden. Auf einem Teller mit Frischhaltefolie bedeckt im Ofen 20 Minuten garen.

4. Rübchen putzen, schälen, in dünne Spalten schneiden und in der restlichen Brühe zugedeckt 3 bis 4 Minuten bissfest dünsten. Kräuter waschen, trocken schütteln, Blätter abzupfen und einige zum Garnieren beiseitelegen. Restliche Kräuter fein hacken und unter die Rübchen mischen. Fischpäckchen mit Rübchen, Zitronenspalten und Kräutern servieren.

Hähnchenbrustfilet mit Spargel und Erdbeeren

ZUTATEN/4 PERSONEN:

- 4 **Hähnchenbrustfilets** (à 150 g)
- **Salz** und **Pfeffer**
- 2 TL **Olivenöl**
- 3 Stiele **Estragon**
- 80 ml **Hühnerbrühe**
- 120 g **Erdbeeren**
- 1 TL eingelegter **grüner Pfeffer**
- 800 g **grüner Spargel**
- 40 g **Frischkäse** (0,2 % Fett)

Zubereitungszeit ca. 40 Minuten
Eiweiß 36 g • **Fett** 6 g • **Kohlenhydrate** 7 g
Brennwert ca. 230 kcal (pro Person)

ZUBEREITUNG:

1. Den Backofen auf 100 °C vorheizen und ein Ofengitter auf die mittlere Schiene schieben. Die Hähnchenbrustfilets waschen, trocken tupfen und mit Salz und Pfeffer würzen. Das Fleisch in einer beschichteten ofenfesten Pfanne im Olivenöl auf beiden Seiten 1 Minute anbraten.
2. Den Estragon waschen und trocken tupfen. Das Öl mit Küchenpapier aus der Pfanne entfernen. Die Brühe und 2 Stiele Estragon zum Fleisch geben. In der Pfanne im Ofen 30 bis 35 Minuten fertig garen.
3. Die restlichen Estragonblätter abzupfen und fein hacken. Die Erdbeeren waschen, putzen und in kleine Würfel schneiden. Den grünen Pfeffer klein hacken und mit Erdbeeren und Estragon mischen.
4. Den Spargel waschen, im unteren Drittel schälen und die holzigen Enden abschneiden. Die Stangen schräg halbieren, in kochendem Salzwasser 2 bis 3 Minuten blanchieren und abgießen.
5. Die Hähnchenbrustfilets aus der Pfanne nehmen, den Estragon entfernen. Den Frischkäse in den Bratsatz einrühren und mit etwas Salz und Pfeffer würzen. Die Hähnchenbrustfilets mit Spargel und Erdbeerragout auf Tellern anrichten und mit der Sauce beträufeln.

Tafelspitz
mit Bouillongemüse

Zubereitungszeit 2–2 ½ Stunden
Eiweiß 32 g • **Fett** 4 g • **Kohlenhydrate** 8 g
Brennwert ca. 240 kcal (pro Person)

ZUBEREITUNG:

1. Den Tafelspitz in einen Topf geben und mit Wasser bedecken. Langsam aufkochen lassen und mit dem Schaumlöffel den Schaum abschöpfen.
2. Die Zwiebel waschen und mit der Schale halbieren. Das Suppengemüse putzen, waschen bzw. schälen und in Stücke schneiden. Zwiebel und Gemüse zum Tafelspitz geben und zugedeckt bei schwacher Hitze 2 bis 2 ½ Stunden garen. Nach 2 Stunden Lorbeerblatt, Pfeffer- und Pimentkörner sowie Wacholderbeeren dazugeben und mit Salz würzen.
3. Den Lauch putzen, längs halbieren, waschen und in feine Streifen schneiden. Kohlrabi und Möhren putzen, schälen und in dünne Stifte schneiden. Den Mangold putzen, waschen und in grobe Stücke schneiden.
4. Das Fleisch aus der Brühe nehmen und warm stellen. Die Brühe durch ein Sieb in einen anderen Topf gießen. Das Gemüse darin 4 bis 5 Minuten köcheln lassen. Den Liebstöckel waschen und trocken tupfen, die Blätter abzupfen und fein hacken. Den Meerrettich schälen und fein reiben.
5. Den Tafelspitz gegen die Faser dünn aufschneiden und mit Bouillongemüse und etwas Brühe in tiefen Tellern anrichten. Mit Liebstöckel und Meerrettich bestreuen.

ZUTATEN/4 PERSONEN:

- 700 g **Tafelspitz** (Rind oder Kalb)
- 1 kleine **Zwiebel**
- 1 Bund **Suppengemüse**
- 1 **Lorbeerblatt**
- 1 TL **schwarze Pfefferkörner**
- ½ TL **Pimentkörner**
- 4 **Wacholderbeeren**
- **Salz**
- 320 g **Lauch**
- 320 g **Kohlrabi**
- 100 g **Möhren**
- 320 g **Mangold**
- 4 Stiele **Liebstöckel** (oder 1 Bund **Schnittlauch**)
- 80 g frischer **Meerrettich**

Salbeisteak mit Tomaten-Bohnen-Gemüse

ZUTATEN/4 PERSONEN:

- 4 **Schweinerückensteaks** (ohne Fettrand, à 125 g; 2 cm dick)
- **Salz** und **Pfeffer**
- 1 TL **Olivenöl**
- 12 **Salbeiblätter**
- 1 TL scharfer **Senf**
- 160 g **weiße Bohnen** (aus der Dose)
- 500 g **bunte Cocktailtomaten**
- 1 **Knoblauchzehe**
- **Chiliflakes**
- 1 TL abgeriebene unbehandelte **Zitronenschale**
- 50 g **Rucola**

Zubereitungszeit ca. 40 Minuten
Eiweiß 30 g • **Fett** 10 g • **Kohlenhydrate** 8 g
Brennwert ca. 280 kcal (pro Person)

ZUBEREITUNG:

1. Backofen auf 100 °C vorheizen. Ein Ofengitter auf die mittlere Schiene und darunter ein Abtropfblech schieben. Rückensteaks mit Salz und Pfeffer würzen. Olivenöl in einer ofenfesten Pfanne erhitzen und das Fleisch darin auf beiden Seiten mit 8 Salbeiblättern gut anbraten.

2. Das Fleisch herausnehmen und mit Küchenpapier abtupfen. Mit etwas Senf bestreichen, mit jeweils 2 Salbeiblättern belegen und auf dem Gitter im Ofen 30 bis 35 Minuten gar ziehen lassen.

3. Bohnen in ein Sieb abgießen und abspülen. Tomaten waschen und halbieren. Knoblauch schälen und fein würfeln. Restliche Salbeiblätter fein hacken und mit Tomaten, Bohnen und Knoblauch in die noch heiße Pfanne geben. Das Gemüse mit Salz, Pfeffer, Chiliflakes und Zitronenschale würzen. Pfanne mit in den Ofen unter das Fleisch stellen.

4. Rucola verlesen, waschen und trocken schleudern, grobe Stiele entfernen. Rucola vor dem Servieren unter das Gemüse heben. Die Salbeisteaks mit dem Tomaten-Bohnen-Gemüse anrichten.

Lammlachse mit Mangold und Kichererbsen

ZUTATEN/4 PERSONEN:

- 4 **Lammlachse** (à 125 g)
- **Salz** und **Pfeffer**
- 1 **Knoblauchzehe**
- 2 TL **Olivenöl**
- 2 Zweige **Rosmarin**
- 600 g **bunter** oder **grüner Mangold**
- 150 ml **Gemüsebrühe**
- 160 g **Kichererbsen** (aus der Dose)
- 1 TL **Ras-el-Hanout**
- 160 g **Naturjoghurt** (0,1 % Fett)
- 1 TL **Harissapaste**

Zubereitungszeit ca. 30 Minuten
Eiweiß 36 g • **Fett** 9 g • **Kohlenhydrate** 9 g
Brennwert ca. 260 kcal (pro Person)

ZUBEREITUNG:

1. Den Backofen auf 100 °C vorheizen. Ein Ofengitter auf die mittlere Schiene und darunter ein Abtropfblech schieben. Die Lammlachse mit Salz und Pfeffer würzen. Den Knoblauch schälen und mit dem Messerrücken fein zerreiben.
2. Das Olivenöl in einer beschichteten Pfanne erhitzen und das Fleisch darin mit dem Rosmarin auf beiden Seiten 1 Minute gut anbraten. Das Lamm herausnehmen und mit Küchenpapier abtupfen. Mit dem Knoblauch einreiben, mit Rosmarin belegen und auf dem Gitter im Ofen 20 bis 25 Minuten gar ziehen lassen.
3. Den Mangold putzen, waschen und in 1 cm breite Streifen schneiden. In der Brühe zugedeckt 6 bis 8 Minuten dünsten. Die Kichererbsen auf einem Sieb kalt abspülen, abtropfen lassen und dazugeben. Mit Salz, Pfeffer und Ras-el-Hanout würzen.
4. Den Joghurt und die Harissapaste verrühren. Die Lammlachse in Scheiben schneiden und mit Mangold, Kichererbsen und Gewürzjoghurt anrichten.

!

FLEISCHLOS **GLÜCKLICH**

Es sind Vegetarier unter den Gästen? Dann können Sie für diese statt der Lammlachse gebratenen Tofu oder Seitan zum Gemüse servieren. Dazu den Tofu oder Seitan mit Salz, Pfeffer und Ras-el-Hanout würzen und in einer beschichteten Pfanne in wenig Öl braten.

Schweinekoteletts
mit Pfifferlingen

Zubereitungszeit ca. 40 Minuten
Eiweiß 21 g • **Fett** 14 g • **Kohlenhydrate** 3 g
Brennwert ca. 280 kcal (pro Person)

ZUTATEN/4 PERSONEN:

- 4 **Schweinerückenkoteletts** (à 125 g)
- **Salz** und **Pfeffer**
- 1 TL **Olivenöl**
- 2 Zweige **Rosmarin**
- 2 TL grober **Senf**
- 20 g **Haselnussblättchen** (ersatzweise **Mandelblättchen**)
- 400 g **Pfifferlinge**
- 320 g **Rosenkohl**
- 100 ml **Gemüsebrühe**
- frisch gemahlene **Muskatnuss**
- 1 Msp. abgeriebene unbehandelte **Zitronenschale**
- **Chiliflakes**

ZUBEREITUNG:

1. Den Backofen auf 100 °C vorheizen. Ein Ofengitter auf die mittlere Schiene und darunter ein Abtropfblech schieben. Die Koteletts waschen, trocken tupfen und mit Salz und Pfeffer würzen. Das Olivenöl in einer beschichteten Pfanne erhitzen und das Fleisch darin mit dem Rosmarin auf beiden Seiten 1 Minute anbraten.
2. Das Fleisch herausnehmen und mit Küchenpapier abtupfen. Mit etwas Senf bestreichen, den Rosmarin darauflegen und auf dem Gitter im Ofen 30 bis 35 Minuten gar ziehen lassen.
3. Die Haselnussblättchen in einer beschichteten Pfanne ohne Fett goldbraun rösten. Die Pfifferlinge putzen, falls nötig, mit Küchenpapier trocken abreiben und ggf. halbieren.
4. Den Rosenkohl putzen und die äußeren Blätter entfernen. Die einzelnen Rosenkohlblätter abziehen und das Innere vierteln. Erst die Rosenkohlviertel in 6 EL Brühe zugedeckt 5 Minuten garen, dann die Blätter dazugeben und weitere 2 Minuten garen. Mit Salz und Muskatnuss würzen.
5. Die Pfifferlinge in der restlichen Brühe 4 bis 5 Minuten dünsten. Mit Salz, Pfeffer, Zitronenschale und Chiliflakes würzen. Die Koteletts mit Rosenkohl und Pfifferlingen auf Tellern anrichten und mit Haselnussblättchen bestreut servieren.

Entenbrust
mit Spinatsalat

ZUTATEN/4 PERSONEN:

- 4 **Entenbrustfilets** (ohne Haut; à 125 g)
- **Salz** und **Pfeffer**
- 1 TL **Olivenöl**
- 4 Zweige **Thymian**
- 40 g **Quinoa**
- 300 g junger **Spinat**
- 100 g **Himbeeren**
- 1 EL **Himbeeressig**
- 1 EL **Walnussöl**
- 1 TL **Dijonsenf**
- 2 EL **Gemüsebrühe**
- 30 g **Kakao-Nibs** (aus dem Reformhaus)

Zubereitungszeit ca. 35 Minuten
Eiweiß 30 g • **Fett** 14 g • **Kohlenhydrate** 10 g
Brennwert ca. 290 kcal (pro Person)

ZUBEREITUNG:

1. Den Backofen auf 100 °C vorheizen. Ein Ofengitter auf die mittlere Schiene und darunter ein Abtropfblech schieben. Die Entenbrüste waschen, trocken tupfen und mit Salz und Pfeffer würzen.

2. Olivenöl in einer beschichteten Pfanne erhitzen und das Fleisch darin mit dem Thymian auf beiden Seiten gut anbraten. Mit Küchenpapier abtupfen und mit dem Thymian belegt auf dem Gitter im Ofen 30 bis 35 Minuten garen.

3. Die Quinoa auf einem Sieb abspülen und nach Packungsanweisung in Salzwasser garen. Den Spinat verlesen, waschen und trocken schleudern. Die Himbeeren verlesen, waschen und trocken tupfen.

4. Für die Marinade Himbeeressig, Walnussöl, Senf und Brühe verrühren. Quinoa abgießen und abtropfen lassen. Mit Spinat und Marinade mischen. Entenbrustfilets dünn aufschneiden und mit dem Spinatsalat anrichten. Mit den Himbeeren und den Kakao-Nibs bestreut servieren.

Rehrücken
mit Petersilienwurzelcreme

Zubereitungszeit 40–50 Minuten
Eiweiß 36 g • **Fett** 8 g • **Kohlenhydrate** 9 g
Brennwert ca. 240 kcal (pro Person)

ZUTATEN/4 PERSONEN:

- 4 **Wacholderbeeren**
- 500 g **Rehrückenfilet** (oder **Hirschrückenfilet**)
- **Salz** und **Pfeffer**
- 2 TL **Olivenöl**
- 4 Zweige **Thymian**
- 500 g **Petersilienwurzeln**
- ¼ l **Hühnerbrühe**
- 50 g **Frischkäse** (0,2 % Fett)
- ½ TL abgeriebene unbehandelte **Orangenschale**
- 1 EL **Orangensaft**
- 2 **Schalotten** (60 g)
- 500 g gemischte **Pilze** (z. B. Champignons, Pfifferlinge, Steinpilze und Austernpilze)
- 1 Bund **Schnittlauch**

ZUBEREITUNG:

1. Den Backofen auf 100 °C vorheizen. Ein Ofengitter auf die mittlere Schiene und darunter ein Abtropfblech schieben. Die Wacholderbeeren fein hacken. Den Rehrücken waschen, trocken tupfen und mit Salz, Pfeffer und Wacholder würzen.

2. Das Olivenöl in einer beschichteten Pfanne erhitzen und das Fleisch darin mit Thymian auf beiden Seiten 1 Minute gut anbraten. Das Rehrückenfilet herausnehmen, mit Küchenpapier abtupfen und mit Thymian belegt auf dem Gitter im Ofen 40 bis 50 Minuten garen.

3. Die Petersilienwurzeln putzen, schälen und in 1 cm große Würfel schneiden. In 200 ml Brühe zugedeckt 15 bis 20 Minuten weich garen. Den Frischkäse dazugeben und fein pürieren. Mit Salz, Orangenschale und -saft würzen.

4. Die Schalotten schälen und in feine Würfel schneiden. Die Pilze putzen, trocken abreiben und je nach Größe halbieren oder vierteln. Pilze und Schalotten in der restlichen Brühe zugedeckt 3 bis 4 Minuten dünsten. Mit Salz und Pfeffer würzen. Den Schnittlauch waschen, trocken schütteln, in Röllchen schneiden und unter die Pilze rühren.

5. Den Rehrücken aus dem Ofen nehmen, aufschneiden und mit der Petersilienwurzelcreme und den Pilzen anrichten.

Dein Tag

Deine Wahl

Im Folgenden finden Sie einige exemplarische Ernährungspläne. Für das Sportprogramm gilt dabei immer: intensives Intervalltraining am Vorabend, leichtes Ausdauertraining am Vormittag des 24STUNDEN**DIÄT**-Tags.

	FRAUEN	MÄNNER
Für Fleisch-Freaks		
Abendessen (am Tag davor)	Rinderfilet mit grünen Bohnen (S. 140; ca. 290 kcal)	Rinderfilet mit grünen Bohnen (S. 140; ca. 290 kcal)
Frühstück	Kokos-Crêpe mit Erdbeeren (S. 43; ca. 290 kcal)	Kokos-Crêpe mit Erdbeeren (S. 43; ca. 290 kcal)
Mittagessen	Asia-Salat mit Hühnerbrust (S. 60; ca. 290 kcal)	Zitronen-Huhn mit Fenchel (S. 96; ca. 320 kcal)
Abendessen	Filet-Röllchen mit grünem Spargel (S. 142; ca. 250 kcal)	Filet-Röllchen mit grünem Spargel (S. 142; ca. 250 kcal)
Snack	Quinoa-Erdbeer-Creme (S. 102; ca. 150 kcal)	Zucchiniröllchen mit Schinken und Rucola (S. 108; ca. 190 kcal)
Für Fisch-Liebhaber		
Abendessen (am Tag davor)	Thunfisch auf Bohnen-Tomaten-Salat (S. 125; ca. 340 kcal)	Thunfisch auf Bohnen-Tomaten-Salat (S. 125; ca. 340 kcal)
Frühstück	Fruchtige Kokos-Quarkcreme (S. 40; ca. 280 kcal)	Beerenomelett mit Ricottacreme (S. 44; ca. 300 kcal)
Mittagessen	Zucchini-Spaghetti mit Shrimps-Tomaten-Sauce (S. 66; ca. 340 kcal)	Kabeljau mit Fenchel-Orangen-Salat (S. 58; ca. 350 kcal)
Abendessen	Lachsfilet mit Auberginencreme (S. 122; ca. 380 kcal)	Stremellachs mit Gurkengemüse (S. 128; ca. 290 kcal)
Snack	Infused Water (S. 117; 0 kcal)	Harissaquark mit buntem Gemüse (S. 112; ca. 220 kcal)

	FRAUEN	MÄNNER
Für Vegetarier		
Abendessen (am Tag davor)	Tofubratlinge mit Wasabi-Dip (S. 69; ca. 310 kcal)	Tofubratlinge mit Wasabi-Dip (S. 69; ca. 310 kcal)
Frühstück	Eiweißbrot mit Frischkäse-Tatar (S. 47; ca. 240 kcal)	Griechisches Rührei mit Feta (S. 46; ca. 310 kcal)
Mittagessen	Zucchinisalat mit Quarkbällchen (S. 56; ca. 300 kcal)	Gerösteter Blumenkohl mit Gewürz-Joghurt (S. 71; ca. 330 kcal)
Abendessen	Gemüsepfanne mit Quinoa und Tofu (S. 132; ca. 230 kcal)	Gemüsepfanne mit Quinoa und Tofu (S. 132; ca. 230 kcal)
Snack	Chiapudding mit Tofu und Beeren (S. 104; ca. 200 kcal)	Chiapudding mit Tofu und Beeren (S. 104; ca. 200 kcal)
Für Veganer		
Abendessen (am Tag davor)	Spitzkohlpfanne mit Räuchertofu (S. 68; ca. 310 kcal)	Spitzkohlpfanne mit Räuchertofu (S. 68; ca. 310 kcal)
Frühstück	Power-Frühstücks-Shake (S. 42; ca. 260 kcal)	Power-Frühstücks-Shake (S. 42; ca. 260 kcal)
Mittagessen	Tofupfanne mit Brokkoli und Bohnen (S. 70; ca. 310 kcal)	Tofupfanne mit Brokkoli und Bohnen (S. 70; ca. 310 kcal)
Abendessen	Blumenkohl-Curry mit Tofu (S. 133; ca. 320 kcal)	Blumenkohl-Curry mit Tofu (S. 133; ca. 320 kcal)
Snack	Green Beauty (S. 116; ca. 100 kcal)	Würzige Curry-Mandeln (S. 110; ca. 170 kcal)

	FRAUEN	MÄNNER
Für Süßschnäbel		
Abendessen (am Tag davor)	Zanderfilet mit Radicchiosalat (S. 124; ca. 260 kcal)	Kasseler mit Apfelkraut (S. 143; ca. 270 kcal)
Frühstück	Chiapudding mit Orange (S. 42; ca. 230 kcal)	Apfelquark mit Nuss-Topping (S. 40; ca. 320 kcal)
Mittagessen	Schweinefilet mit Apfel und Sellerie (S. 77; ca. 250 kcal)	Hähnchenbrust mit Sellerie-Grapefruit-Salat (S. 75; ca. 300 kcal)
Abendessen	Tomaten-Gazpacho mit Melone und Garnelen (S. 134; ca. 290 kcal)	Tomaten-Gazpacho mit Melone und Garnelen (S. 134; ca. 290 kcal)
Snack	Heidelbeer-Kiwi-Salat mit Minze (S. 102; ca. 135 kcal)	Beeren-Muffins (S. 103; ca. 200 kcal)
Für unterwegs		
Abendessen (am Tag davor)	Rinderfilet mit Gemüsesalat (S. 78; ca. 340 kcal)	Rinderfilet mit Gemüsesalat (S. 78; ca. 340 kcal)
Frühstück	Apfelquark mit Nuss-Topping (S. 40; ca. 320 kcal)	Puten-Carpaccio (S. 51; ca. 310 kcal)
Mittagessen	Regenbogensalat mit Feta (S. 92; ca. 320 kcal)	Salat-Tacos mit Avocadodip (S. 95; ca. 370 kcal)
Abendessen	Blumenkohl-Taboulé mit Garnelen (S. 94; ca. 260 kcal)	Zitronen-Huhn mit Fenchel (S. 96; ca. 320 kcal)
Snack	Infused Water (S. 117; 0 kcal)	Gemüsesticks mit Sonnenblumen-„Hummus" (S. 109; ca. 160 kcal)

Literaturverzeichnis

Hamm, M.: Knaurs Handbuch Ernährung. Knaur, München 2003
Hamm, M.: Die GX-Diät. Knaur, München 2006
Hamm, M.: Die richtige Ernährung für Sportler. Riva, München 2011
Hamm, M., Bohlmann, F.: Die Ideal-diät. Lizenzausgabe. Goldmann, München 2012
Hamm, M., Donhauser, R. M.: Die Slow Carb Diät. Knaur, München 2005
Hamm, M., Ogielda, J.: Das Praxisbuch der Sportlerernährung. Riva, München 2015
Helberg, D., Hamm, M.: Die FIT FOR FUN Basic-Diät. Südwest, München 2001
König, D., Hamm, M., Dickhuth, H. H., Berg, A.: Proteinzufuhr im Sport. In: Sport und Präventivmedizin 2010, 40: 7–12
Larsen, T. M. et al.: Diets with High or Low Protein Content and Glycemic Index for Weight-Loss Maintenance. In: N. Engl. J. Med. 2010, 363: 2102–2113
Sam, A., Hamm, M.: Clean Your Life. ZS Verlag, München 2015
Trunz, E., Hamm, M.: Style your body. Midena, München 2001

Rezeptregister

Dipl. oec. troph. **Achim Sam**

Der Ernährungswissenschaftler wuchs mit vollen Tellern auf – und das sah man ihm auch an. Bereits in seiner Jugend hatte er mit Gewichtsproblemen zu kämpfen: „Ich fühlte mich wie eine wandelnde Problemzone, konnte im Sportunterricht keine 1000 Meter am Stück laufen und wurde in der Schule immer als Letzter gewählt." Dann hatte Achim das Dicksein dicke und speckte mit einem besonderen Mix aus Bewegung und Ernährung über 20 Kilo ab. Er wurde Leistungssportler, studierte Ernährungswissenschaften, ist Autor mehrerer Sport- und Food-Ratgeber, arbeitet als Journalist und ist Gründer und Autor der 24STUNDEN**DIÄT** – die in kürzester Zeit sowohl als Printbuch, eBook und App Bestsellerstatus erreichte und mit der Silbermedaille im Literarischen Wettbewerb der Gastronomischen Akademie Deutschlands ausgezeichnet wurde.

Prof. Dr. troph. **Michael Hamm**

Der renommierte Ernährungswissenschaftler ist Autor vieler erfolgreicher Sport- und Diätratgeber (u.a. des Bestsellers „24STUNDEN**DIÄT**" und „Die richtige Ernährung für Sportler"), die auch in Fachkreisen höchste Anerkennung fanden. Seine Arbeitsgebiete sind Ernährungsphysiologie, Sportlerernährung und Diätetik. Außerdem ist Prof. Dr. Hamm Mitglied im wissenschaftlichen Beirat der Deutschen Herzstiftung, des Arbeitskreis Omega-3 e.V. und Leiter des Kompetenzbereichs Ernährung beim interdisziplinären Adipositas-Programm M.O.B.I.L.I.S. e.V. in Freiburg. Er ist darüber hinaus Mitglied der Deutschen Akademie für Ernährungsmedizin sowie in verschiedenen internationalen Arbeitskreisen zur Sportlerernährung.